고수의 질문법

고수의 질문법

최고들은 무엇을 묻는가

한근태 지음

미래의창

서문

당신은 질문하는 사람인가

미국의 아이젠하워 전 대통령은 질문을 잘하는 사람으로 유명하다. 한번은 주방에서 일하는 직원에게 이런 질문을 했다. "자네는 이 일에 대해 어떻게 생각하는가?" 그러자 그 직원은 눈물을 흘리며 이렇게 답변했다. "저는 이곳에서 20년 동안 일을 했습니다. 하지만 지금까지 제게 의견을 물은 사람은 단 한 사람도 없었습니다."

질문에는 세 가지 종류가 있다. 첫째는 자신이 모르는 것을 알고자 묻는 질문이다. 둘째는 자신은 알고 있지만 상대방에게 답을 생각해보도록 유도하기 위해 묻는 질문이다. 그리고 셋째는 자신도 모르고 상대방도 모르는 것을 알고 있지만 함께 답을 찾기 위해 던지는 질문이다.

이 세 가지 질문에는 공통점이 하나 있다. 바로 '의도'가 있다는 것이다. 질문에는 반드시 묻는 이의 의도가 담겨 있다. 의도가 없는 질문, 다시 말해 목적 없는 질문은 질문이라 할 수 없다. 추운 겨울 집을 나서며 "아이 춥다"라고 말하는 것처럼 의미 없는 혼잣말에 불과하다. 혼잣말은 아무렇게나 내뱉어도 상관없지만, 의도가 있는 질문은 적확한 때에 꼭 맞는 내용으로 던져야 한다. 말을 잘하는 사람은 많지만, 그중에서도 질문을 잘하는 사람이 진짜 고수다.

질문과 관련해서 내가 가장 좋아하는 말이 있다. 불치하문不恥下問, 아랫사람에게 묻는 것을 부끄러워하지 말라는 뜻이다. 그런데 난 이 말을 수치불문羞恥不問, 즉 '모르면서 묻지 않는 것을 부끄러워하라'로 바꾸고 싶다. 안다고 생각하면 질문하지 않는다. 모른다고 생각하고 모르는 게 있어야 질문하게 된다. 그 과정에서 질문은 우리를 성장시킨다.

그런데 어느 순간 사람들은 질문하길 멈춘다. 성인이 된 후 거의 질문하지 않는 사람도 많다. 특히 어떤 분야의 전문가 위치에 올라 그 동네에서 몇 년 일을 하고 나면 궁금한 게 모두 사라지는지 질문을 잘 하지 않는다. 자신은 질문할 사람이 아니라 다른 사람으로부터 질문을 받아야 할 사람이라고 생각한다.

회사 임원회의에 가면 이런 광경을 자주 볼 수 있다. 임원회의는 그 회사에서도 나름 선수들이 모인 곳이다. 이들은 궁금한 것도 없고, 다들 스스로를 전문가라고 생각한다. 그러면 질문이 나오기 어렵다. 이를 해결하는 최선의 방법은 가끔 낯선 사람, 그 분야를 모르는 사람, 다른 분야의 전문가를 참석시켜 물을 흐려 놓는 것이다. 그의 입에서 엉뚱한 질문, 한 번도 생각하지 않았던 질문이 나온다. "업의 본질이 뭔가요?" "이 업을 할 때의 핵심은 뭔가요?" "왜 이런 일을 해야 하죠?" 의외의 수확이 있을 수 있다. 아는 것과 안다고 착각하는 것은 다르다. 아는 것은 뭔지, 모르는 것은 뭔지, 안다는 것의 정의는 뭔지를 가끔 질문하는 것도 방법이다.

질문을 잘하기 위해서 반드시 필요한 전제조건이 하나 있다. 겸손이다. 자신이 최고라고 생각하는 사람에게 질문이란 단어는 존재하지 않는다. 그런 사람에게 남은 미래는 하산길뿐이다. 현재의 자리가 산봉우리라고 생각하는데 더 올라갈 길이 어디 있겠는가. 질문을 하는 것은 자신의 정신적 토대를 단단히 하고 새로운 오르막길을 향해 한 발을 내딛는 것과 같다. 질문은 우리를 진정한 고수로 성장시키는 가장 중요한 자양분이다.

2018년 2월

한근태

차례

Part. 3 일의 방향을 정하는 질문

Part. 4 리더를 위한 질문

Part. 1

나를 채우는 질문

자기 자신을 객관적으로 들여다볼 수 있는가

세상에서 가장 어려운 일은 자기의 모습을 객관적으로 보는 것이다. 만약 자기 모습을 냉철하게 볼 수 있다면 그 자체로 그는 위대한 인물이다.

모 기업 대표는 경영의 목표가 직원의 행복이다. 직원이 행복해야 나도 행복하고 회사가 잘 굴러간다는 철학이다. 멋지다. 목표에는 하자가 없다. 또 이를 위해 열심히 노력한다. 직급별로 나이별로 밥도 같이 먹고 이야기도 나눈다. 일 년에 몇 차례씩 행복 관련 이벤트도 한다. 유연근무제도 실시하고, 사내 게시

판을 통해 제안을 유도하기도 한다. 그런데 직원들은 별로 행복해하지 않는다. "어떻게 하면 행복할 수 있겠나? 내가 도와줄 건 뭔가?" 하고 질문을 하는데 아무도 답하지 않는다. 다들 침묵을 지킨다. 사장이 행복을 강조할수록 직원들은 냉랭하다. 가만히 있는 게 도와주는 거라고 생각한다. 왜 그럴까?

행복은 누가 줄 수 있는 게 아니다. 스스로 찾아야 한다. 줄 수 없는 걸 자꾸 주겠다고 하니까 직원들 입장에선 난감하다. 게다가 그는 자기주장이 강하다. 직원들 이야기를 자유롭게 듣겠다고 불러 모아놓고서도, 막상 이야기를 하다 보면 어느새 혼자 마이크를 잡고 직원들 이야기에 조목조목 반박을 하고 있다. '어떻게 하면 행복할 수 있을까'에 대해 직원들과 회의하다가 분위기가 썰렁해진 적도 있다. 행복을 위한 회의가 전혀 행복하지 않은 것이다. 사장은 절대 이상한 사람이 아니다. 의도는 참 좋다. 직원들 눈에 비친 자신의 모습을 제대로 보지 못하는 것뿐이다. 그만큼 주제 파악은 힘들다.

운전기사를 막 대하다 뉴스에 난 재벌 2세가 있다. "신호는 무시하고 내가 달리라고 하면 달려라", "아무것도 묻지 마라" 어쩌구 하면서 매뉴얼까지 만들어 기사를 괴롭혔다고 한다. 정말 인간이 어떻게 저럴 수 있을까 하는 생각이 든다. 그 사람 때문에 재벌들에 대한 미움이 더 커질 것 같다. 이런 뉴스를 접하면 수많은 질문이 떠오른다. 어쩌다가 저런 사람이 됐을까? 부모나 주변 어른들로부터 아무런 가르침을 받지 못한 걸까? 어떻게 저런 사람이 회장이 될 수 있었을까? 저 사람 밑에서 일하는 직원들은 기분이 어떨까? 그가 회장으로 있는 회사의 미래는 어떨까? 동시에 그 사람의 뇌가 궁금해진다. 그는 스스로를 어떤 사람으로 생각할까? 나름 꽤 괜찮고 리더십도 있는 사람으로 생각하는 건 아닐까? 그가 두려워하는 것은 뭘까? 배우자와 자식에게는 어떤 사람일까? 힘 있는 사람에게도 저렇게 대할까? 저런 사람을 바꿀 수 있을까? 그러기 위해서는 뭐가 필요할까…….

확실한 것 한 가지는 있다. 그 사람은 자신을 그다지 나쁘게 생각하지 않을 것이란 사실이다. 그저 재수가 없어서 이런 일이 벌어졌다고 생각할지 모른다. 만약 자신에게 문제가 있다고 생각하면 절대 그런 행동은 하지 않을 것이다.

사람은 누구나 자신의 객관적인 모습을 알기 어렵다. 그렇기 때문에 현재 자신의 모습을 제대로 볼 수 있다면 훨씬 괜찮은 사람이 될 것이다. 그런 의미에서 자기 모습을 제대로 알 수 있는 질문이 중요하다.

자신을 들여다보는 질문

- ● 당신은 스스로 어떤 사람이라고 생각하는가?
- ○ 그렇게 생각하는 근거는 무엇인가?
- ● 지금 당신 모습이 당신이 진정 원하던 모습인가?
- ○ 당신이 주변 사람들로부터 자주 듣는 말은 무엇인가?
- ● 당신에게 쓴소리를 하는 사람이 있는가?
  있다면 어떤 내용인가?
- ○ 단 한가지 치명적인 단점이 당신을 망가뜨릴 수 있다면,
  그것이 무엇이라고 생각하는가?
- ● 그 치명적인 단점을 고치려면 무엇을 해야 하는가?
- ○ 당신이 두려워하는 것은 무엇인가?
- ● 당신이 원하는 미래의 당신 모습은 어떤 것인가?
- ○ 만약 스스로를 변화시키고 싶다면 어떻게
  변화시키고 싶은가?

나는 정말 변화를 절실히 원하는가

헬스장에서 운동을 한 지 5년이 넘어간다. 일주일에 적어도 세 번은 혼자 운동을 하고 한 번은 코치에게 트레이닝을 받는다. 여행을 가거나 뭔가 일이 생겨 일주일 이상 운동을 못 하게 되면 몸이 무거워진다. 머리도 아프고 여기저기 결리고 컨디션이 저조해진다. 빨리 일어나 운동을 하라고 몸이 내게 신호를 보낸다. 운동을 하면 몸이 개운해지고 컨디션이 좋아진다. 내가 운동을 계속할 수밖에 없는 이유다. 그만큼 운동은 내 생활의 일부다.

헬스장을 오래 다니다 보니 회원들 중에 낯익은 얼굴이 제법 많다. 그중에 나와 거의 같은 시기에 운동을 시작한 회원이 있다. 일주일에 두 번은 한다는데 처음이나 지금이나 몸에 변화가 없어 보인다. 어떤 때는 오히려 살이 더 찐 것 같기도 하다. 한 번은 코치에게 저 사람은 저렇게 오랫동안 꾸준히 운동을 하는데 왜 몸에 변화가 없는지를 물어봤다. 그러자 코치가 말했다. "저분은 음식 관련 이야기하는 걸 금기시해요. 식사 조절 이야기를 하면 예민하게 반응합니다. 먹는 부분이 그대로이다 보니 운동만으로는 한계가 있어요."

헬스장을 다니다 말다를 반복하는 다른 회원이 있다. 헬스장에 다니는 동안에는 엄청 날씬하다가도 조금 못 보면 다시 원위치가 되어 있곤 했다. 요즘에는 또 안 보인다. 코치에게 왜 그런지를 묻자 이렇게 답한다. "그 회원님은 집중력이 떨어져요. 운동 중에도 계속 문자에 답을 하고 자꾸 말을 해요. 무엇보다 습관이 별로 좋지 않아요. 절대 수면 시간도 부족하고, 음식 조절도 안 되고, 물도 잘 안 마셔요. 제가 생활 습관을 바꾸라고 해도 그걸 잘 못해요."

그래도 위의 두 사람은 꾸준하게는 한다. 대부분의 사람들은 몇 달 헬스장에 다니는 둥 마는 둥 하고는 아예 운동과는 담을 쌓는다.

최근 이상원이란 분을 만났다. 그분은 40대 중반인 지금까지 평생을 비만의 몸으로 살았다. 어린 시절 아이스크림 도매상을 했던 아버지 덕분에 실컷 아이스크림을 먹은 결과라고 한다. 별명도 '살로우만'이었다. 그 역시 수없이 다이어트를 하다 말다를 반복했다. 그러던 어느 날 아들의 잔소리를 듣고 이번엔 진짜 운동을 제대로 해보기로 결심했다. 내가 쓴 《몸이 먼저다》란 책도 큰 자극이 됐다고 한다. 6월에 운동을 시작하면서 12월 말까지는 멋진 몸을 만들어 프로필 사진을 찍겠다는 목표를 세웠다. 그리고 정말 열심히 몸을 만들어서 페이스북에 프로필 사진을 찍어 올렸더니 난리가 났다. 어떻게 그런 몸을 만들었는지 묻는 사람도 많았다. 그는 책을 써서 사람들에게 자기 경험을 이야기해주고 싶었다. 그래서 나를 찾아와 같이 책을 쓰자고 했다. 나는 책을 같이 쓰는 것은 어렵고, 대신 추천사는 써주겠다고 약속했다. 그는 두 달 만에 원고를 완성했고, 내 소개로 《몸이 전부다》란 책도 냈다. 변화에 멋지게 성공한 것이다.

변화變化란 무엇일까? 한자로 '변할 변變' 자는 '말 이을 련䜌'과 '칠 복攵'이 합쳐진 글자다. 즉, 같은 말을 계속 반복하면서 때려야 한다는 것이다. 그만큼 변화란 쉽지 않다는 의미가 숨어 있다. 내가 생각하는 변화의 정의는 '간절히 원하는 것을 얻기 위하여 큰 고통을 감내하고 새로운 습관을 만드는 것'이다. 핵심은 세 가지다. '원하는 것', '고통 감내', '새로운 습관'이다. 이 중 하나라도 빠지면 변화는 일어나지 않는다. 그렇기 때문에 변화를 위해서는 다음과 같은 질문을 던져야 한다. 날씬한 몸을 예로 들어보자.

첫 번째 질문은 이것이다. '난 정말 절실하게 날씬한 몸을 원하는가?' 대부분은 절실하지 않다. 변화를 원하는 마음도 그저 순간적인 충동에서 비롯된 경우가 많다. 남산만 한 배를 하고도 운동은 하지 않는 중년 아저씨들은 왜 그럴까? 현재 자신의 몸에 그럭저럭 만족하기 때문이다. 당연히 절실함이 없다. 서류전형 탈락이다.

좋다. 절실하다고 치자. 다음은 '고통을 감내할 수 있는가' 란 질문을 던져야 한다. 모든 일에는 대가가 따른다. 멋진 몸매는 절대 공짜로 얻을 수 없다. 피와 땀과 눈물이 있어야 한다. 대부분의 사람들은 멋진 몸은 원하지만 고통은 원하지 않는다. 고통 없이 쉽게 할 수 있는 방법을 찾는다. 그래서 지방흡입술이니 이상한 약 같은 것에 의존해 살을 뺀다. 당연히 부작용이 있을 수밖에 없고, 원위치로 돌아갈 확률도 높다. 변화에서는 바로 이 두 번째 질문이 가장 어렵고 중요하다. 평생 자신의 직장과 하는 일을 미워하면서도 그냥 그대로 다니는 사람들도 그렇다. 직장을 옮기거나 직업을 바꾸고 싶어 하지만 거기에 따르는 고통(급여의 삭감, 잘못될 수 있는 리스크, 이직에 따른 불확실성)은 싫어한다.

변화를 위해서는
다음과 같은 질문을 던져야 한다.

첫째,
나는 정말 변화를 절실히 원하는가?
둘째,
변화에 따르는 고통을
감내할 수 있는가?
셋째,
새로운 생활 습관을 만들 수 있는가?

마지막 질문은 '새로운 생활 습관을 만들 수 있는가'이다. 사실 운동만으로 살을 빼기는 어렵다. 아무리 땀을 흘려도 300칼로리 남짓이 소모될 뿐인데, 이 정도는 밥 한 공기 더 먹으면 도로아미타불이 된다. 그럼에도 불구하고 왜 운동과 섭생이 중요할까? 뭔가를 꾸준히 하면 체질이 바뀌기 때문이다. 근육이 늘면서 대사량이 함께 늘고, 몸에 안 좋은 음식을 먹지 않으려 노력하다 보면 나중에는 저절로 그런 음식이 먹히지 않는다. 이상원 씨가 그런 이야기를 했다. 6개월간 그렇게 라면, 피자, 곱창전골 같은 게 먹고 싶었단다. 꾹 참았다가 목표를 달성하면 그때 아주 실컷 먹으려 했단다. 그런데 목표를 달성하자 이상하게도 그토록 먹고 싶던 그런 음식들이 별로 당기지 않더라는 것이다. 체질이 바뀐 것이다. 새로운 습관이 만들어진 것이다.

모든 애벌레는 나비가 되길 희망한다. 그런데 나비가 되기 위해서는 무엇을 해야 할까? 트리나 폴러스Trina Paulus의 책《꽃들에게 희망을》에는 이런 대목이 있다. 호랑 애벌레가 "나비가 되기로 결심하면 무엇을 해야 하죠?"라고 질문한다. 노랑 나비 애벌레가 대답한다. "나를 보렴, 나는 지금 고치를 만들고 있단다. 내가 마치 숨어버리는 것처럼 보이지만 고치는 결코 도피처가 아니다. 고치는 변화가 일어나는 동안 잠시 들어가 머무는 집이란다. 고치는 중요한 단계란다. 일단 고치 속에 들어가면 다시는 애벌레 생활로 돌아갈 수 없으니까. 변화가 일어나는 동안 고치 밖에서는 아무 일도 없는 것처럼 보일지 모르지만, 나비는 이미 만들어지고 있는 것이란다. 다만 시간이 걸릴 뿐이야."

변화를 위한 질문

● 지금 당신은 변화를 원하는가?

○ 변화를 해야만 하는 절실한 그 무엇이 있는가?

● 무엇을 변화시켜야 하는가?

○ 변화에 반드시 필요한 조건은 무엇인가?

● 변화를 위해서는 어떤 대가가 필요한가?

○ 지금이 변화의 가장 적절한 시점인가?

● 당신 자신이든 주변에서든 변화 과정에
어떤 저항이 예상되는가?

○ 변화로 얻을 수 있는 것은 무엇일까?

● 변화에 실패할 경우 잃을 수 있는 것은 무엇일까?

○ 당신의 변화를 도울 수 있는 사람은 누가 있을까?

● 변화를 위해 가장 먼저 해야 할 일은 무엇인가?

당신에게는
목표가 있는가

사람은 두 종류로 나눌 수 있다. 목표를 갖고 사는 사람과 그렇지 않은 사람이다. 난 새로운 주제의 책을 쓰는 것을 중요한 목표로 삼고 있다. 한동안 재정의, 역설, 비유, 어원 등의 주제에 깊이 빠져서 열심히 정보를 수집하고 생각을 정리해 글을 썼고, 이를 모아 책으로 완성했다. 몇 권을 쓰고 나니 쉬어야겠다는 생각이 들어 몇 달을 무위도식했다. 들어오는 일, 꼭 해야 하는 일만 했고, 내가 알아서 목표를 세우고 일을 하지는 않았다. 날씨가 더운 것도, 또 딸이 아이를 낳으러 와서 집에 머문 것도 일조했다.

그러다 보니 생활이 늘어졌다. 아침에 일어나도 할 일이 생각나지 않았고, 활기가 사라지고 자꾸 부정적인 생각이 들었다. 그래서 질문에 대한 책을 써야겠다는 목표를 정하고 글을 쓰기 시작했다. 목표를 세우고 나니 생활이 많이 달라지는 것이 느껴졌다.

그러던 어느 날 모 보험회사에서 본부장들에게 목표의 중요성에 관해 강의를 해달라는 요청이 들어왔다. 이 회사는 전년도에 모든 직원을 개인사업자로 전환시켰다. 고정적인 월급 대신 자신이 번 만큼을 월급으로 가져가게 했다. 듣기는 별거 아닌 것 같아도 당사자들에겐 쓰나미 같은 일이다. 이 일로 꽤 많은 중간관리자가 회사를 떠났지만 변화에 성공한 사람들은 전년 대비 더 많은 급여를 받게 되었단다. 아직은 변화의 과정 중에 있는데, 그래서 더더욱 목표에 대한 새로운 인식이 필요하게 되었다는 것이다.

목표란 무엇일까? 목표는 내비게이션과 같다. 우리는 차를 타면 가장 먼저 내비게이션을 켜고 목적지를 설정한다. 그럼 내비게이션이 알아서 목적지까지 안내를 한다. 목표가 없다는 건 시동을 켜고 움직이긴 하지만 어디로 갈지 모르는 것과 같다. 당연히 성과를 내기 힘들다. 마찬가지로 인생에 목표가 없다는 건 되는 대로 사는 것과 같다. 영어 단어 중 '디재스터disaster(재앙)'란 말이 있다. 이 단어의 어원을 보면 '사라지다'라는 뜻의 'dis'

와 '별'이란 뜻의 'aster'로 구성되어 있다. 즉, 별이 사라지는 것이 재앙이라는 말이다. 나침반이 없던 옛날에는 항해할 때 북극성을 보고 방향을 잡았다. 그런데 구름이 끼거나 비가 오면 별이 보이지 않는다. 그야말로 재앙이다. 목표가 없다는 건 그 자체로 이미 비극의 씨앗을 갖고 있는 것이다.

목표는 왜 중요할까? 목표는 최고의 동기부여 수단이다. 목표가 없으면 사람은 게을러진다. 잠자리에서 일어날 이유가 없다. 목표가 있으면 벌떡 일어나 책상 앞에 앉게 된다. 목표가 없으면 쉽게 흔들리고 방황한다. 목표가 생기면 흔들리지 않고 목표를 위해 일을 한다. 목표는 사람을 성장하게 한다. 목표는 안티바이러스 백신과 같다. 우리 주위엔 부정적인 정보가 넘쳐나지만, 목표가 명확하면 그런 것에 흔들리지 않는다. 목표가 우리를 지켜주는 것이다.

또 목표는 잠재력을 발휘하게 한다. 대부분의 사람은 목표 없이 하루하루를 산다. 그런 생활이 반복되면 내가 어떤 사람인지, 어떤 것을 좋아하고 싫어하는지, 어떤 잠재력을 가졌는지 알지 못한다. 내가 생각하는 성공은 자신이 가진 잠재력을 극대화하는 것이다. 그런데 잠재력은 어려운 목표를 달성하는 과정에서 발휘된다. 목표가 없으면 당연히 잠재력은 깨어나지 않는다.

오랜만에 만난 지인이 옷 가게를 하고 싶다고 한다. 평소 그

목표는
최고의 동기부여 수단이다.

목표가 있으면
벌떡 일어나 책상 앞에 앉게 된다.

목표가 없으면
쉽게 흔들리고 방황한다.

목표는 사람을 성장하게 한다.

는 옷이나 패션에 별로 관심이 있어 보이지 않았던 터라 의외였다. 궁금해진 나는 여러 질문을 던졌다. "왜 옷 가게를 하려고 하나요?" 그러자 그는 아이도 어느 정도 다 컸고 옷에 관심이 있던 차에 친한 친구가 옷 가게를 연 것을 보고 자극을 받았다고 한다. 나는 그게 이유의 전부인지 물었다. 그는 돈을 더 벌고 싶다는 이야기도 했다. 그동안 이 일 저 일 조금씩 했는데 아르바이트 수준이라 경제에 도움이 안 됐단다. 옷 가게를 할 만한 경제력이나 전문성에 대한 것도 질문했다. 시간을 낼 수 있는지, 어떤 고객을 대상으로 어떤 종류의 옷을 팔 것인지도 물었다. 질문을 주고받으면서 그는 이런 결론을 내렸다. "옷 가게를 하고는 싶지만 너무 준비가 안 된 것 같다. 밑천도 더 마련하고, 옷 관련 공부도 더 하고, 시장에 대한 연구도 더 해야겠다."

현재 여러분은 어떤 목표를 갖고 있는가? 그 목표를 달성하기 위해 어떤 노력을 하고 있는가? 스스로에게 질문을 던져보라.

목표 달성을 위한 질문

- ● 목표를 세워 성과를 낸 경험이 있는가?
- ○ 만약 지금까지 목표 달성에 계속해서 실패해왔다면, 그 이유가 무엇이라고 생각하는가?
- ● 지금까지의 실패를 극복하려면 가장 먼저 무엇을 해야 할까?
- ○ 현재 당신의 목표는 무엇인가?
- ● 목표 달성에 있어서 또 다시 실패하지 않으려면 이번엔 어떤 변화를 주어야 한다고 생각하는가?
- ○ 현재의 목표는 당신의 인생에서 어느 정도 중요한 역할을 할 것이라고 생각하는가?
- ● 좋은 목표란 무엇이라고 생각하는가?
- ○ 현재가 아닌 인생 전체를 기준으로 했을 때, 당신의 궁극적인 목표는 무엇인가?

당신은 지금
어디에 갇혀 있는가

네트워크마케팅 회사들의 행사를 보면 참 요란하고 화려하다. 연예인처럼 잘 차려입은 사람들, 휘황찬란한 조명과 음향, 그곳에 모인 사람들은 누군가를 소개할 때마다 행사장이 떠나가라 박수를 치고 휘파람을 분다. 다른 사람을 성공시키는 것이 곧 자신의 성공이란 걸 알기 때문에 이들의 자사 제품에 대한 믿음은 거의 종교에 가깝다. 웬만한 물건은 다 자사 제품만 사용한다. 만나는 사람도 주로 회사 사람들이고, 화제도 거의 일과 관련된 것이다. 외부 사람과 만날 때도 기회만 되면 회사 자랑을 늘어놓거나 그 회사에 참여할 것을 종용하기 때문에 미움을 받는 경우도 종종 있다.

자기 회사와 제품에 대해 자부심을 갖는 것은 바람직하다. 직원이 아닌 주인이란 생각으로 일을 하는 것은 권장할 점이다. 자발성도 높아지고 스스로 동기부여가 되기 때문이다. 그런데 한 가지 경계할 것이 있다. 바로 관점의 경직화 현상이다. 내부인의 시각으로만 모든 것을 보고 판단하려는 경향이 강해진다. '우리 회사가 최고야. 세상에 우리 제품만 한 것은 어디에도 없어'라는 생각은 정말 위험하다. 난 경직된 관점을 가진 사람들에게 이런 조언을 한다. "여러분의 눈을 너무 믿지 마세요. 세상에 믿지 못할 게 우리 눈이고 관점입니다. 여러분들이 자사 제품에 열광하는 건 좋지만, 이를 남에게 강요해서는 안 됩니다. 늘 외부인의 관점에서 냉정하고 객관적으로 회사와 제품을 볼 수 있어야 합니다. 그래야 지속 가능합니다."

30년 이상 특정 회사, 특정 부서에서 일하면 부서 입장이나 회사 입장을 떠나 사고하기 힘들다. 고객 입장에서 생각할 수 없다. 관점이 굳어지기 때문이다. 말로는 고객을 먼저 생각한다고 하지만, 진짜 고객의 눈으로 제품과 서비스를 판단하기는 쉽지 않다. 교사도 그렇다. 교사는 수십 년간 정해진 교과 내용을 계획에 따라 가르친다. 이런 역할을 오랫동안 하다 보면 학생 입장에서 수업을 보기 어렵다. 자신이 가르치는 내용이 실제 학생들에게 어떻게 받아들여지는지 판단하기 어렵다. 가르침과 평가라는 획일적인 관점에서 수업을 진행하고, 학교 중심, 교과 중심, 가르침 중심의 틀에 갇히게 된다. 자기만의 관점에 갇혀버리는 것이다.

여러분은 어떤 관점으로 세상을 보는가? 다양하고 유연한 관점을 가졌는가? 아니면 한 가지 관점으로 모든 것을 보고 판단하는가? 세상에 좋은 관점과 나쁜 관점은 존재하지 않는다. 경직된 관점과 유연한 관점, 한 가지 관점과 다양한 관점만이 존재한다. 이왕이면 유연하고 다양한 관점을 갖는 것이 바람직하다. 자유자재로 관점을 바꿀 수 있으면 삶은 충만해진다. 어린아이들과 시인들이 그렇다. 특히 시인은 매우 유연한 관점을 가진 사람들이다. 이들은 자신의 입장에서 벗어나 사물의 입장에서 세상을 볼 수 있는 능력을 가졌다.

안도현의 〈너에게 묻는다〉란 시를 보면 이를 알 수 있다.

연탄재 함부로 발로 차지 마라
너는 누구에게 한 번이라도 뜨거운 사람이었느냐

난 지금까지 단 한 번도 연탄재 입장에서 세상을 본 적이 없는데 그는 이를 해냈다.

위대한 발명도 관점의 전환에서 비롯된 경우가 많다. 천체를 연구하던 코페르니쿠스는 지구를 멈춰놓고 태양을 아무리 돌려봐도 답이 나오질 않자, 태양을 멈추고 지구를 돌려보았다. 그리고 원하는 답을 얻었다. 이것이 그 유명한 코페르니쿠스 지동설의 시작이자 혁명이었다. 서정욱이 쓴《걱정 많은 철학자와 지구에서 살아남는 법》에 나오는 말이다.

좋은 질문 중 하나는 관점을 전환시킬 수 있는 질문이다. 나만을 위한 질문에서 벗어나 상대가 뭘 원하는지 생각하게 만드는 질문이다. 상자 안에 갇혀 있는 사람을 상자 밖에서 생각할 수 있게 만드는 질문이다. 직원 입장에서만 생각하는 사람을 주인 입장에서 볼 수 있게 하는 질문이다. 자기 부서만을 생각하는 사람에게 부서가 아닌 회사 입장에서 볼 수 있게 하는 질문이다. 어른에게는 아이의 입장에서, 아이는 어른의 입장에서, 대통령은 국민의 입장에서, 국민은 대통령의 입장에서 생각할 수 있게 만드는 질문이다. 질문은 각자 생각해보기 바란다. 어떤 질문을 던지면 그 사람의 관점을 바꿀 수 있을 것인가?

시간의 축을 바꾸는 질문

우리는 살면서 수많은 결정을 한다. 할 수밖에 없다. 공부를 계속 할까, 아니면 그만하고 취직 준비를 할까? 군대는 언제 가는 게 좋을까? 지금 만나는 사람과 결혼을 할 것인가 말 것인가? 결혼 후에도 마찬가지다. 아이를 당장 갖는 편이 나을까, 아니면 신혼을 더 즐기며 돈을 모을까? 이 회사를 계속 다녀도 괜찮을까, 아니면 이직을 고려해보는 것이 좋을까? 월급쟁이로 평생을 살 것인가, 아니면 내 사업을 할 것인가? 어려움에 빠진 형제를 도와줄 것인가, 아니면 두 눈을 딱 감고 모른 척할 것인가? 인생은 정말 의사결정의 연속이라 해도 과언이 아니다.

여러분은 이처럼 중대한 기로에서 주로 어떤 질문을 던지는가? 어떻게 하면 제대로 된 결정을 할 수 있을까? 이럴 때 좋은 질문이 있다. 시간의 축을 바꾸는 질문이다. 우리는 늘 현재 시점에서 고민하고 결정을 한다. 그런데 대부분의 결정은 현재를 기준으로 내려지지만 그 결과는 오랜 세월에 걸쳐 영향을 미친다. 따라서 그 결정이 잘못된 것이어서 후회할 때는 이미 돌이킬 수 없는 경우가 많다. 이를 방지할 수 있는 최선의 방법이 바로 시간의 축을 왔다 갔다 하는 질문이다. 미래 시점에서 지금의 결정을 보는 것이다.

대표적인 것이 결혼에 관한 결정이다. 지인 중 한 사람이 해외에서 교수 자리를 제안받고 결혼 문제로 나를 찾아왔다. 그는 매우 도전적인 인물이다. 기존 방식보다는 새로운 곳에서 새로운 일을 하고 싶어 한다. 그래서 예전 직장도 몇 번 그만두고 공부를 계속해 교수 자리까지 제안을 받은 것이다. 무슨 고민이냐고 묻자 그동안 사귄 여자친구와 결혼하는 게 옳은 결정인지 확신이 서지 않는다는 것이다. 내용을 들어보니 여자친구가 너무 의존적이었다. 늘 "난 외국 나가기 싫어. 꼭 외국에 나가서 일을 해야 해? 그럼 오빠가 일하는 동안 나는 어떡해?"라며 징징거린다는 것이다.

난 이런 질문을 던졌다. "당신이 생각하는 결혼은 어떤 모습인가요? 결혼하는 목적이 뭔가요?" 그랬더니 "결혼은 사랑하는 두 사람이 함께 불확실한 미래를 만들어가는 것이고, 서로의 단점을 보완하고 장점을 발휘해 멋진 미래를 만들어가는 겁니다"라고 한다. 참 멋진 말이다. 그래서 추가 질문을 던졌다. "지금의 여자친구와 함께 그런 모습을 만들 수 있을까요? 그녀가 결혼 후에 새로운 모습을 보일까요?" 한참을 고민하던 그는 쉽지 않을 거라고 답했다. 나는 별다른 말은 하지 않았다. 그 후 그는 여자친구와 헤어지고 혼자 외국엘 갔고, 얼마 뒤 서로를 더 잘 이해할 수 있는 다른 여성과 결혼해 잘 살고 있다는 얘길 들었다.

출산도 그렇다. 아이를 낳지 않는 문제는 어제오늘의 일은 아니다. 각자 여러 가지 이유가 있을 테니 아이를 낳지 않겠다는 사람을 억지로 설득하고 싶은 생각은 없다. 하지만 출산 문제야말로 미래 시점에서 지금 결정에 대한 질문을 던져야 한다. "환갑이 됐을 때 아이를 낳지 않은 걸 후회하지 않을 수 있을까?" 아이를 낳지 않겠다는 사람들의 말을 들어보면, 대부분 현재의 이유를 댄다. 돈을 좀 더 모으기 위해서, 아이 봐줄 사람이 마땅치 않아서, 둘만의 인생을 즐기고 싶어서…….

하지만 미래는 얼마든지 달라질 수 있다. 언젠가 여건이 되면 아이를 낳겠다고 하지만, 그런 날은 오지 않을 수 있다. 또 아이를 갖겠다고 결심한다고 바로 아이가 생기는 것도 아니다. 경제적인 이유도 그렇다. 지금 살림이 어렵다고 10년 후에도 그런 건 아니다. 무엇보다 30년 후 환갑쯤 됐을 때를 가정해 그때 시점에서 지금의 결정을 생각해보라. 그때도 "맞아, 우리가 아이를 낳지 않기로 한 건 탁월한 결정이었어"라고 말할 자신이 있는가?

시간의 축을 당기는 질문 중 최고의 질문은 죽음에 관한 것이다. 죽음에 임박했을 때 자신의 삶을 어떻게 평가할 것인가? KPMG 회장 유진 오켈리Eugene O'Kelly는 정기 건강검진에서 사형 선고를 받는다. 뇌에서 종양을 발견했는데 살날이 90일 정도밖에 남지 않았다는 선고를 받은 것이다. 여러분은 이런 선고를 받으면 90일 동안 무엇을 하겠는가? 누구를 만나 시간을 보내겠는가? 사랑한다고 말해주고픈 친구는 누구인가? 인생의 마지막 순간을 어디에서 맞고 싶은가? 그는 자신에게 남은 90일의 삶을 일기에 담기로 한다. 그리고 이를 엮어 《인생이 내게 준 선물Chasing Daylight》이란 책을 냈다.

우리는 시간을 물 쓰듯 한다. 영원히 살 것처럼 욕심을 부린다. 인생이 지루하고 무의미하게 생각되는가? 그렇다면 이런 질문을 스스로에게 던져보라. 내게 살아갈 날이 3년밖에 남지 않았

출산 문제야말로 미래 시점에서
지금 결정에 대한 질문을 던져야 한다.

"환갑이 됐을 때 아이를 낳지 않은 걸
후회하지 않을 수 있을까?"

그때도 "맞아. 우리가 아이를 낳지
않기로 한 건 탁월한 결정이었어"라고
말할 자신이 있는가?

다면 무엇을 할 것인가? 그럼 많은 것이 달라질 것이다. 자신의 사망 기사를 작성해보는 것도 방법이다. 오늘 당신의 사망 기사를 써야 한다면 어떤 내용이 적히길 바라는가?

여러분은 어떤 질문을 자주 던지는가? 난 죽음에 대한 질문을 자주 던진다. 어떻게 죽을 것인가? 지금 죽어도 후회 없다고 말할 수 있는가? 그럼 내 생각이 달라진다. 행동이 달라진다. 내가 생각하는 최고의 질문 중 하나는 시간을 앞당기는 질문이다. 미래의 자신이 지금의 결정을 어떻게 판단할 것 같은가? 어려운 결정을 앞둔 사람들에게 유효한 질문이다.

답하는 것보다 어려운 건 문제를 내는 것이다

박사 과정을 하는 데 있어서 가장 큰 문제가 뭐라고 생각하는가? 코스워크, 박사 자격시험, 논문 쓰는 것 중 뭐라고 생각하는가? 난 코스워크나 자격시험이 힘들고 논문 쓰기는 그 둘에 비해 상대적으로 쉬울 거라고 생각했다. 그런데 그게 아니었다. 코스워크와 자격시험은 오히려 쉬웠다. 남이 낸 문제를 풀기만 하면 되기 때문이다. 우리는 이미 그런 것에는 익숙해져 있다. 논문 쓰기는 어떤 주제를 가지고 쓸지 정하는 일부터 큰 산이었다.

논문에서 가장 어려운 부분은 제목을 정하는 일이다. 아무리 기다려도 지도교수가 그에 대한 이야기를 하지 않는다. 답답해진 내가 먼저 지도교수에게 무슨 제목으로 논문을 써야 할지 물었다. 당연히 이러이러한 주제로 쓰라는 지시가 있을 줄 알았는데 그게 아니었다. 지도교수가 말했다. "그걸 왜 내게 묻나요? 학생이 생각해서 내게 얘길 해야지." 그러면서 "평소 어떤 쪽에 관심이 있었나요? 하고 싶었던 게 있을 것 아닙니까?"라고 되묻는 것이다. 난 정말 당황했다.

인생도 그런 것 같다. 삶의 제목은 누가 정할까? 어떻게 살아야 할지, 문제가 무엇인지를 누가 알려줄까? 인생도 논문 쓰기에 비유할 수 있다. 논문은 제목을 정하고, 가설을 세우고, 검증하고, 고쳐나가는 과정에서 완성된다. 그중에서도 특히 제목은 스스로 정해야 한다. 내가 생각하는 논문 제목은 내가 살고 싶은 삶을 정의하는 것이다. 내가 어떤 사람이고, 어떻게 살고 싶은지를 생각하는 것이다. 그럼 당연히 해야 할 일이 나타나고, 과정 중에 문제가 드러난다.

당신은 어떤 문제를 갖고 있는가? 대부분의 사람들은 별문제가 없다고 답한다. 과연 그들에게 아무 문제가 없을까? 그렇지 않다. 그들의 가장 큰 문제는 '무엇이 문제인지를 인지하지 못하는 것'이다. 삶은 문제를 내주고 언제까지 풀라고 주문하지 않는다. 알아서 문제를 내고 알아서 문제에 답을 해야 한다. 문제를 푸는 건 쉽다. 문제를 내는 것이 어려운 것이다. 문제 제기를 할 수 있다면, 자신의 문제가 무엇인지 정확히 안다면 나머지 문제는 문제도 아니다.

문제 해결을 위한 질문

- ● 나는 어떤 문제를 갖고 있는가?
- ○ 여러 가지 문제가 있다면 그중 가장 먼저 해결해야 할 것은 무엇인가? 문제 해결의 우선순위를 매겨본다면?
- ● 현재 자신의 문제로 인해 어떤 어려움을 겪고 있는가?
- ○ 그 문제를 내버려두어도 사는 데 지장이 없는가?
- ● 문제를 해결하기 위해 어떤 노력을 해보았는가?
- ○ 문제 해결에 실패했다면 그 이유가 무엇이라고 생각하는가?
- ● 실패를 반복하지 않으려면 어떻게 해야 하는가?
- ○ 내가 가진 습관들 중 문제 해결에 가장 방해가 되는 것은 무엇인가? 또 필요한 습관은 무엇인가?

당연하게 여겨지는 것에 대하여 질문하라

몇 년 전 아버지 제사에 맞춰 대전 현충원에 간 적이 있다. 아버지는 5월 중순 부처님 오신 날에 돌아가셨기 때문에 늘 즈음해서 현충원에 간다. 그때는 황금 연휴라 방문객이 많을 거라고 예상했지만 어머니가 "길이 막혀도 다들 다닌다. 그냥 가자"고 강하게 주장을 하셔서 어쩔 수 없었다.

일요일 이른 시간에 출발했는데 고속도로 입구에서부터 꽉 막혔다. 뭔가 불길했다. 교통 정보를 보니 수십 킬로미터가 이미 정체 중이고 나아질 가능성도 없었다. 현충원에서 다른 가족들과 10시쯤 만나기로 했는데, 대구에서 올라오는 누님만 제시간에 도착했다. 난 두 시간쯤 늦고, 동생은 나름 빠른 길을 찾는다고 하다가 나보다 한 시간이 더 걸렸다. 모든 일정이 엉망이 되었고 온몸이 파김치가 된 채 서울로 돌아왔다.

나는 교통 체증을 병적으로 싫어해서 차 막히는 때에 어딜 가는 걸 몹시 꺼린다. 평소 어머니는 그런 나를 못마땅해하며 "남들도 다 그러면서 다니는데 넌 어째 그렇게 유난을 떠니. 길 막히는 거 싫어하면 한국에선 살 수 없다"라고 말씀하시곤 했는데, 이날 사건 이후 어머니도 달라지셨다. 본인이 직접 겪어보니 장난이 아니라고 판단된 것이다.

8월 초는 전국적인 휴가 시즌이다. 꽤 많은 기업이 그때를 전후해 휴가를 간다. 대기업 공장들이 가동을 중단하면서, 거기에 맞춰 관련 업체 사람들과 또 그 업체들과 연결된 사람들까지 연쇄적으로 일을 쉬게 된다. 대기업을 다니던 시절에는 나도 어쩔 수 없이 그때 놀아야만 했다. 난 그게 참 싫었다.

나는 태생적으로 청개구리 기질이 있는 것 같다. 남들이 다 하는 건 이상하게 하기 싫고, 남들이 다 열광하는 것에 대해서는 의심을 품는다. 남들이 놀러 갈 때는 가지 않고, 남들이 놀러 갈 생각을 하지 않을 때 놀러 가는 걸 좋아한다. 경영에서는 차별화가 참 중요하다고 생각하면서 막상 자신의 삶에서는 차별화를 생각하지 않는 것 같다. 난 남들과 다른 게 좋다. 남들과 다르게 살고 싶다. 그래야 재미있고 삶의 질도 올라간다.

지금도 그런 식으로 살고 있다. 남들이 출근할 때 퇴근하고, 남들이 일할 때 쉬고 남들이 쉴 때 일한다. 남들이 다 보는 영화는 보기 싫고, 남들이 안 보는 영화는 보고 싶다. 심지어 2002년 한일 월드컵도 제대로 보지 않았다. 내가 경기를 보면 응원하는 팀이 진다는 징크스가 첫째 이유였고, 조마조마한 마음으로 두 시간을 보내야 한다는 것도 내키지 않았다. 어차피 내가 본다고 이기는 것도 아닌데 나까지 보탤 것은 없다는 생각에 그 시간에 책을 읽고 싶었다. 생각도 그렇다. 남들이 당연하게 생각하는 것에 대해 늘 의문을 품는다.

강의를 할 때는 특히 차별화가 중요하다. 남들과 다른 생각을 해야 호소력이 높아진다. 남들도 다 아는 사실, 너도 동의하고 나도 동의하는 사실을 이야기하고 싶지는 않다. 그런 뻔한 이야기를 해서는 청중을 흔들어놓을 수 없다. 그래서 습관적으로 통념에 저항하는 생각을 하려고 노력한다. 내가 강의 중에 자주 던지는 질문이 있다. “일을 열심히 했을 때 오는 가장 큰 보상은 뭘까요?” 그럼 돈, 자아 성취, 칭찬, 인센티브 같은 답변이 나온다. 이때 되묻는다. “제가 이런 답변을 원했을까요?” 다들 의아한 눈으로 나를 본다. 난 태연하게 이야기한다. “일을 열심히 했을 때

오는 가장 큰 보상은 또 다른 일입니다. 계속 일이 몰립니다." 다들 뒤집어진다. 예상 못한 답이지만 맞는 말이기 때문이다.

이어 나는 이야기한다. "생각해보세요. 직원 중 어느 직원에게 일을 시킬까요? 허술하고 맨날 뭔가 빼먹는 직원에게는 일을 시키지 않습니다. 딱 부러지고 확실한 직원에게 일을 줍니다. 그럼 당연히 한 사람은 바쁘고 다른 한 사람은 한가합니다. 불공평하다고 생각하나요? 단기적으로 그럴 것 같지만 장기적으로는 일 많은 사람이 유리합니다. 일을 하면서 일하는 방법을 배우기 때문입니다." 나는 질문을 떠올릴 때 곧바로 떠오르는 답변과 더불어 미처 생각하지 못한 답변으로는 무엇이 있을까를 함께 생각하곤 한다.

좋은 질문 중 하나는 통념에 저항하는 질문이다. 남들이 당연하게 생각하고 받아들이는 것에 물음표를 붙이는 것이다. 예를 들어 이런 식이다. 공자는 나이 마흔을 '불혹不惑', 쉰을 '지천명知天命', 예순을 '이순耳順'이라고 했다. 마흔이 되면 유혹에 넘어가지 않고, 쉰에는 하늘의 뜻을 알고, 예순에는 무슨 말을 들어도 귀에 거슬리지 않는다는 것이다. 여러분은 이 말에 대해 어떻게 생각하는가? 난 이 말 안에 역설이 있다고 생각한다. 아니 어떻게 마흔이 된다고 유혹에 넘어가지 않겠는가? 불혹이란 마흔이 가장 유혹에 넘어가기 쉬운 시기이니 더욱 조심하란 말이 아닐까? 마찬가지다. 쉰이 되도 하늘의 뜻은 절대 알 수 없고, 나이가 들수록 남의 말이 귀에 거슬리니 그 점을 늘 경계하라는 뜻에서 이런 말을 했을 것이다. 이 이야기에 정답이 있을 수는 없고 순전히 내 생각이다.

내가 자주 생각하는 통념에 저항하는 질문 몇 가지를 더 소개한다. 부부싸움은 칼로 물 베기라고 한다. 과연 그럴까? 절대 그렇지 않다. 싸우면 상처가 날 뿐이다. 부부싸움도 가능한 한 하지 않는 게 좋다. 난 평생 부부싸움을 한 적이 없다. 그래도 35년간 잘 살고 있다. 통일 문제도 그렇다. 퀘벡, 스코틀랜드, 카탈루냐 등 다른 나라들은 다들 독립을 하려고 난리인데 우리는 왜 통일을 하려고 할까? 통일이 그렇게 필요할까? 통일을 해서 얻는 건 무엇이고 잃는 건 무엇일까?

혁신은 통념의 저항에서 나온다. 남들이 당연하게 생각하는 것에 대해 의심을 품고 그에 대한 질문을 할 때 나온다. 여러분이 당연하게 생각하는 것은 무엇인가? 그것에 의문을 갖고 질문을 해보라. 새로운 세상이 열릴지 누가 아는가?

질문도 알아야 할 수 있다

주변에 걱정되는 사람들이 많다. 애들은 아직 어린데 회사에서 구조조정의 압력을 받고 있는 사람들이다. 그들 역시 자신의 문제를 알고 있다. 그런데 이들 중 상당수는 걱정만 할 뿐 그것을 해결하기 위한 별다른 노력은 하지 않는다. 거기에 대한 이야기도 회피하기만 한다. 그들이 걱정을 해소하기 위해 하는 유일한 일은 비슷한 사람들을 찾아다니는 것이다. 이미 회사를 그만둔 사람, 회사를 그만둘 예정인 사람들과 주로 어울린다. 그런 사람들과 놀다 보면 얻는 것이 있다. 우선 자신만 이런 어려움에 처한 것이 아니란 사실을 알게 되는 데서 오는 위안이다. 불황이 닥치고 세상이 바뀌면서 많은 사람들이 비슷한 문제에 직면한다는 사실을 발견한다. 혼자 당하는 것보다는 같이 당하는 게 낫기 때문에 그나마 위로가 된다. 재수가 좋으면 자신보다 훨씬 상황이 좋지 않은 사람을 발견하기도 한다. 그럼 내심 '그래도 쟤보단 내가 낫네'라는 생각을 하면서 며칠간은 속 편하게 지낼 수 있다.

이들의 가장 큰 문제는 기존에 자신이 하던 일 외에는 아무 관심도 흥미도 없다는 것이다. 당연히 호기심도 없고 질문도 없다. 그러니 발전할 계기도 없다. 이들의 수준은 학교를 졸업하고 자신이 속했던 조직에서 경험한 것의 틀을 벗어나지 못한다. 비슷비슷한 사람들과 매일 밥을 먹고 등산을 하니 생각 자체도 거기에 머문다. 발전 자체가 불가능하다. 발전은 언제 일어나는가? 새로운 것을 공부할 때 나온다. 공부하다 보면 호기심이 생기고, 거기에 대해 질문하고 답을 찾기 위해 더 알아보면서 발전하는 것이다. 세상에서 가장 위험한 일은 현재의 자신에 만족하며 제자리에 머무는 것이다. 이만하면 됐다고 생각하면서 더 이상 배우기를 멈추는 것이다. 박사 학위를 따고는 더 이상 공부하지 않는 사람, 취직에 성공한 뒤 자기 일은 끝났다고 생각하는 사람, 변호사 시험 합격을 인생 목표로 생각하는 사람들은 그런 면에서 위험하다. 목표를 달성하는 순간 삶의 의미를 잃기 때문이다.

난 말이 통하는 사람을 좋아한다. 다양한 소재를 가진 사람을 좋아한다. 호기심이 많고 좋은 질문을 하는 사람이 좋다. 현재 자신이 하는 일에 대해 통찰력을 갖고 계속 공부하는 사람을 좋아한다. 상대에 대해 관심을 갖고 뭔가를 물어보고 그 과정을 통해 화학반응을 일으키는 사람이 좋다. 반면 질문이 없는 사람, 호기심이 사라진 사람들과의 대화는 좋아하지 않는다. 남 이야기하는 사람도 싫어한다. 나와는 아무 상관 없는 사돈의 팔촌 이야기를 길게 하는 사람은 질색이다. 정치인과 연예인을 주제로 오래 이야기하는 것도 별로 좋아하지 않는다. 이들을 보면 할 이야기가 있어 이야기하는 것이 아니라 뭔가 이야기를 하기 위해 불필요한 화젯거리를 자꾸 끄집어낸다는 생각이 든다. 무엇보다 호기심이 없고 질문하지 않고 자기 이야기만 하는 사람을 싫어한다.

그런데 왜 이들은 질문하지 않는 것일까? 왜 이들에게는 호기심이 없을까? 공부하지 않기 때문이다. 아는 것이 너무 없기 때문이다. 아무것도 모르면 질문할 수 없다. 질문은 어느 정도의 지식이 있어야 가능하다. 내가 아는 것과 더 알고 싶은 것 사이의 간극을 줄이기 위해 나오는 것이 질문이다. 호기심도 그렇다. 평생 책 한 권 읽지 않고, 신문 한 장 보지 않는 사람에게 호기심

아무것도 모르면 질문할 수 없다.
질문은 어느 정도의
지식이 있어야 가능하다.
내가 아는 것과
더 알고 싶은 것 사이의
간극을 줄이기 위해
나오는 것이 질문이다.

은 존재하지 않는다. 심리학자 대니얼 벌라인Daniel Berlyne은 호기심에 대해 이렇게 주장한다. "호기심은 지식에 의해 생겨나는 동시에 지식의 부재에 의해 촉발된다. 어떤 정보를 접하면 그것이 무지를 자극해 알고자 하는 욕망을 불러일으킨다. 어떤 주제에 대해 무언가를 알게 되면 그 주제에 대해 모르는 것이 많다는 사실을 알게 되고, 간극을 좁히고 싶은 욕망이 생긴다. 음악적 뇌가 불협화음에 반응하듯 과학적 호기심은 지식의 빈틈, 지식의 간극에서 나온다."

한마디로 호기심이 생기려면 그것과 관련해 일정 수준의 지식이 필요하다는 것이다. 아는 것이 아무것도 없으면 호기심도 질문도 나올 수 없다.

왜 사는 것이 힘들까? 세상은 빠른 속도로 변하는데 거기에 적응하지 못하기 때문이다. 기존의 알량한 지식을 가지고는 더 이상 먹고살기가 힘들기 때문이다. 방법은 한 가지뿐이다. 변하는 세상을 알기 위해, 자기 자신을 알기 위해 공부를 하는 것이다. 책을 읽고 다른 분야의 사람을 만나보면서 새로운 것을 공부해야 한다. 현재 아는 것과 더 알고 싶은 것 사이에 간극을 발견해야 한다. 정보 간극을 줄이고 싶은 충동을 느껴야 한다. 그게 호기심이다. 호기심이 있어야 질문하게 된다.

내가 자주 던지는 질문

생각을 하면 공부하게 되고, 공부를 하면 궁금한 게 생기기 마련이다. 그럼 질문이 자동으로 떠오른다. 책을 읽거나 강연을 듣거나 누군가와 이야기를 나눌 때 그렇다. 반대로 공부하지 않으면 궁금한 것도 없고, 질문도 나오지 않는다. 나는 나이가 들수록 공부하는 게 즐겁다. 이 책을 쓰게 된 것도 질문에 대해 궁금한 게 많았기 때문이다. 도대체 어떤 질문을 던져야 효과적인지, 남들은 어떤 질문을 던지는지 알고 싶었다. 동시에 내가 어떤 질문을 자주 던지는지 생각을 정리해봤다. 다음은 내가 자주 던지는 질문들이다.

첫 번째는 "뭐라고? 그게 무슨 말이야? 다시 한번 이야기해봐"란 질문이다. 특히 가족들과 이야기할 때 그렇다. 딸만 둘인 터라 나는 늘 여자들과 이야기할 수밖에 없는 환경이다. 여자들은 자기들끼리 이야기를 많이 한다. 당연히 내가 모르는 사실을 많이 공유한다. 관심 분야도 다르다. 화장품, 드라마, 연예인 관련해서도 정보가 많다. 눈치도 빨라 자기들끼리는 눈빛만으로도 꽤 많은 의사소통을 한다. 반면 난 태생적으로 말귀를 잘 알아듣지 못한다. 집중력도 떨어져서 같이 대화를 하다 보면 이해하지 못할 때가 꽤 많다. 그렇다고 모른 채 넘어가는 건 싫어 꼭 다시 물어본다. "그게 무슨 말이야? 뭐라고? 다시 한번 이야기해봐." 그럼 아내는 그렇게 말귀를 못 알아들으면서 어떻게 코칭이나 컨설팅을 하느냐고 놀리면서도 다시 설명을 해준다.

내가 생각해도 이상하다. 업무적으로 이야기할 때는 그렇게까지 말귀를 못 알아듣지 않는데 이상하게 가족들과의 대화에서는 이해력이 떨어지는 것 같다. 긴장을 하지 않기 때문인 것 같은데 정확한 이유는 잘 모르겠다. 중요한 건 모르는 것, 잘 이해되지 않는 것은 확실하게 다시 되물으라는 것이다. 특히 직장에서는 더욱 그러하다. 직장에서 소통에 문제가 생기는 이유는 확실히 이해하지 못했으면서도 이를 명확히 물어보지 않기 때문이다. 사실 소통의 비용을 줄이기 위해 가장 많이 던져야 할 질문은 확인을 위한 질문이다. "왜 그렇지요?" "이게 그런 말 맞나요?" "다시 한번 정확하게 이야기를 해주시겠어요?"

두 번째는 "그게 무슨 뜻이지? 핵심이 뭐야? 왜 그렇지?"란 질문이다. 난 궁금한 게 많고 궁금한 걸 참지 못한다. 한번은 GS 칼텍스에 강의하러 가서 회사 이름이 왜 '칼텍스Caltex'인지 물어봤다. 그래서 칼텍스가 미국 캘리포니아의 석유 회사였던 캘리포니아스탠더드오일Standard Oil of California과 텍사스 석유 회사였던 더텍사스The Texas Company가 합쳐진 이름으로, 중동에 진출하면서 위험부담을 줄이기 위해 두 회사가 공동 투자해 설립한 회사란 사실을 알게 되었다. 그리고 칼텍스가 1967년 우리나라의 락희화학공업사와 합작투자하여 설립된 것이 바로 오늘날 GS칼텍스의 모태인 호남정유다. 질문을 통해 새로운 지식을 하나 얻은 것이다.

누군가와 이야기를 나눌 때도 가장 많이 던지는 질문은 바로 "핵심이 뭔데요?"란 질문이다. 그럼 비로소 사람들은 자신이 본 것, 들은 것, 아는 것에 대해 생각하기 시작한다. 책 소개가 직업인 터라 나는 책을 읽으면서도 스스로에게 늘 이 질문을 던진다. 누군가의 강의를 듣고 뭔가 명확하지 않을 때도 이 질문을 던지고, 누군가 자기주장을 길게 늘어놓을 때도 이 질문을 던진다. 그럼 말하는 사람도 듣는 사람도 생각이 정리된다. 공부에서 가장 중요한 역량은 요약하는 능력, 즉 핵심을 뽑아내는 능력이다.

세 번째로는 "나라면 어떻게 할까?"란 질문을 자주 던진다. 예전에는 불평불만이 많았다. 뭔가 일이 생기면 비분강개하면서 핏대를 올렸다. 그런데 그런 것이 내게 별 도움이 되지 않았다. 정작 내가 화내고 있는 대상은 내가 화가 났다는 사실을 몰랐고, 괜히 나만 기분이 나빠졌다. 어느 날은 화를 내는 대신 '내가 저 사람이라면 어떻게 할까?'란 질문을 던져보았다. 그랬더니 그 사람을 좀 더 이해할 수 있게 되었고, 새로운 생각과 아이디어도 나왔다. 배우는 것도 많았다. 흔히 사람들은 직장 상사 욕을 많이 한다. 이때도 난 거꾸로 '내가 만약 상사라면 이 문제를 어떻게 해결할까?'를 자주 생각한다. 뭔가 일이 생길 때 비난 대신 '나라면 이 문제를 어떻게 해결할까?'를 질문해보라. 그러면 상대방에 대해서도 이해할 수 있게 되고, 배우는 게 많아진다.

네 번째는 "얻는 것과 잃는 건 뭘까?"란 질문이다. 인생지사 새옹지마다. 좋아 보였던 일이 불행의 원인이 될 수도 있고, 반대로 비극적인 사건이 행운으로 돌아올 수도 있다. 만고불변의 진리다. 직업상 많은 사람들이 여러 이슈를 가지고 나를 찾아온다. 한번은 글로벌 기업의 HR 임원이 나를 찾아와 고민을 털어놓았다. 상사가 자신을 아프리카 쪽 책임자로 승진시키고 싶다는데 어쩌면 좋겠냐는 것이다. 승진이고 새로운 변화가 있어 좋을 것 같긴 한데, 여성이고 미혼인지라 겁이 난다는 것이다. 난 그에게 그 일로 무엇을 얻을 수 있고, 무엇을 잃을 것 같은지 물어보았다. 특히 이 질문은 뭔가 결정을 해야 할 때 효과적으로 사용할 수 있다. 얻는 것이 뭔지, 잃는 것이 뭔지 대차대조표를 만들어보면 명확해진다. 반대 입장의 질문도 자주 던진다. 초고속 승진을 한 사람이나 갑자기 큰돈을 번 사람에게는 "이 일로 잃게 되는 것은 없을까요?"란 질문을 던지고, 승진에 누락됐거나 힘든 일이 생긴 사람에게는 "이 사건으로 얻는 건 없을까요?"란 질문을 던진다. 반대 질문을 던지다 보면 의외의 통찰력이 생긴다.

다섯 번째는 "정말 중요한 게 뭘까? 이 일을 왜 해야 할까?"란 질문이다. 다시 말해 목적과 의미를 묻는 질문이다. 특히 사업을 하는 사람, 뭔가 변화를 주려는 사람에게 이 질문을 자주 던진다. 의외로 제대로 답변하지 못하는 사람이 많다. 한번은 흡수합병을 통해 사업을 꽤 확장한 사람에게 이 질문을 던졌다. 그랬더니 "글쎄요, 원석은 좋은데 경영을 잘못해 부실해진 회사를 인수해 가치를 올리는 일 자체를 좋아합니다. 또 하나는 회사가 크면 폼이 나잖아요. 폼 잡고 싶은 생각도 큰 것 같아요"란 대답이 돌아왔다. 솔직한 답변이긴 하지만 뭔가 좀 부족하단 생각이 들었다. 이 질문은 살아가는 데 있어 가장 중요한 질문이다. 내가 왜 이 일을 하는지, 내 인생의 참된 가치는 어디 있는지를 생각하고 거기에 맞춰 일을 하는 것만큼 중요한 것이 있을까?

질문하는 습관을 길러야 평생 뭔가를 배우며 살 수 있다. 여러분은 주로 어떤 질문을 하는가? 여러분들이 자주 하는 질문이 궁금하다.

문제를 다시 정의하다

가끔 기업 문화 관련한 자문을 받을 때가 있다. "사장님이 기업 문화를 바꾸고 싶어 합니다. 그래서 태스크포스를 만들었고 제가 팀장입니다. 어떻게 하면 좋을까요? 도움말을 부탁합니다." 난 질문부터 던진다. "그런데 기업 문화의 정확한 정의가 뭔가요?" 그럼 이러저러한 설명을 한다. "기업 문화는 구성원들의 암묵적인 가치가 행동으로 드러난 것이죠. 결국 기업 문화가 일을 하고 성과를 내는 것입니다. 기업 문화를 바꾸지 않으면 변화는 일어나지 않습니다." 난 다음 질문을 던진다. "그런데 왜 그런 기업 문화가 만들어졌다고 생각하나요? 기업 문화를 바꿀 수 있다고 생각하나요?"

난 기업 문화를 바꾸는 것에 대해 부정적이다. 엄청난 비용과 시간을 투자하면 언젠가는 바꿀 수 있겠지만 투자 대비 가치가 적다고 생각한다. 내가 생각하는 기업 문화는 오너 성격과 가치관의 확대다. 삼성의 기업 문화는 이병철 회장 성격의 확장이고, 현대는 정주영 회장의 가치관이 그대로 투영된 것이다. 그런데 이를 어떻게 바꿀 수 있는가? 쉽지 않은 일이다. 무슨 일을 할 때 가장 먼저 해야 할 질문은 그것의 정확한 뜻을 묻는 것이다. 재정의를 확실히 하는 질문이다.

사람들은 별생각 없이 "상처받았다"는 말을 자주 쓴다. 난 그 말을 들을 때마다 의문이 생긴다. 상처받았다는 말의 정확한 정의가 뭘까? 상처를 준 사람은 그 사실을 인지하고 있을까? 그 사람이 상처를 주려는 의도로 그런 말과 행동을 했을까? 그 사람이 선의에서 한 말을 오해한 건 아닐까? 늘 여기저기서 상처를 받았다고 주장하는 사람이 혹시 가장 많은 상처를 주는 건 아닐까? 같은 말을 들어도 어떤 사람은 아무렇지도 않은데 어떤 사람은 상처를 받는 것은 왜일까?

사실 상처를 받았다는 건 이미 내 안에 상처를 갖고 있었다는 뜻이다. 약함과 부족함과 열등감이 있었는데, 누군가의 말과

상처를 받았다는 건 이미 내 안에
상처를 갖고 있었다는 뜻이다.
내 안에 본래 열등감이 있었는데,
누군가가 그걸 들추어낸 것이다.

누군가의 말과 행동 때문에
상처받았다는 기분이 드는가?
그렇다면 혹시 스스로 자기 마음에
상처를 새기고 있던 것은 아닌가?

행동이 그걸 들추어낸 것이다. 그 사람의 말이 문제가 아니라 내가 갖고 있던 열등감이 근본적인 원인인 것이다. 상처를 잘 받는다는 건 깨지기 쉬운 물건, 스스로 상처받기 쉬운 사람이란 뜻이다. 상처를 받을 만반의 준비를 하고 있는 것이다. 내가 생각하는 상처의 정의다. 누군가의 말과 행동 때문에 상처받았다는 기분이 든다면 혹시 스스로 자기 마음에 상처를 새기고 있는 것은 아닌지 질문해보자.

요즘 인정에 목마른 사람들이 많다. 남에게 인정받기 위해 SNS에 사진과 글을 올리는 데 몰두하기도 하고, 페이스북에 '좋아요'를 시도 때도 없이 누르기도 한다. 여러분이 생각하는 인정의 정의는 무엇인가? 인정認定의 앞 글자인 '알 인認'자를 파자하면 '말씀 언言' 더하기 '참을 인忍'이다. 말을 참으라는 뜻이다. 내가 하고 싶은 말을 참고 상대 이야기를 들으라는 말이다. 그럼 그 사람을 알게 되고 그 사람의 사정을 이해하게 된다. '그랬었구나. 그럴 만한 사정이 있었구나. 자칫 오해할 뻔했구나'라는 생각이 든다. 알면 이해하게 되고, 이해하면 인정하게 된다. 다시 말해 인정이란 내가 하고 싶은 말을 줄이고 상대의 말을 듣는 것이다. 나를 감추고 다른 사람을 드러나게 하는 것이다. 그래서 이야기가 끝난 후 상대로 하여금 자부심이 넘치게 만드는 것이다. 내가 생각하는 인정의 정의다.

가장 좋은 질문은 개념의 정의를 다시 묻는 질문이다. 도대체 그것이 정확하게 어떤 의미를 가졌는지를 곰곰이 생각해보는 것이다. 남이 내린 정의가 아닌 나만의 정의를 확실히 하는 것이다. 경영자라면 경영이 무엇인지 설명할 수 있어야 하며, 성공을 간절히 원하는 사람은 내가 생각하는 성공이 어떤 모습인지 정확하게 그릴 수 있어야 한다. 부자가 되고 싶은 사람도 그러하다. 돈이란 무엇인지, 내가 생각하는 부자는 어떤 것인지 말할 수 있어야 한다.

여러분이 고민하는 이슈는 무엇인가? 고민을 해결하기 위해 가장 먼저 해야 할 일은 그 이슈에 대한 나름의 정의를 내려보는 것이다. 건강도 그렇고, 결혼도 그렇고, 자유도 그러하다. 재정의가 우리를 자유롭게 할 수 있다.

Part. 2

관계를 잇는 질문

질문은 연결이다

시내에서는 차를 갖고 다니지 않는다. 지리도 잘 모르고, 길 막히는 것도 싫고, 주차에도 신경이 쓰이기 때문이다. 서울처럼 대중교통이 발달된 곳에서는 전철과 버스만으로도 원하는 장소에 편하게 갈 수 있다. 간혹 시간이 없을 때나 가기 불편한 곳은 택시를 이용한다. 택시를 타면 대개는 뒷좌석에 앉아 생각을 하거나 바깥 풍경을 보지만, 택시기사와 이야기를 나눌 때도 있다.

한번은 택시를 탔는데 지적인 느낌의 기사를 만난 적이 있다. 나는 "관상이 참 좋으시네요. 택시 하신 지 오래되셨나요?"

라며 이야길 건넸다. 그랬더니 자기 사연을 이야기한다. "전 모 은행 국제부에서 오래 일했습니다. 런던 지점에도 몇 년 있었습니다. 그런데 은퇴를 하고 몇 년 놀아보니 이러다간 사람 망가지겠다는 생각이 드는 겁니다. 마누라도 처음에는 그동안 고생했다고 잘해주는 것 같더니 점점 나를 불편해하는 거예요. 다른 직업을 찾아봤지만 이 나이에 마땅치가 않더군요. 그래서 택시를 시작했어요. 이상한 꼴도 가끔 당하지만 그래도 재미있어요. 세상 돌아가는 것도 보면서 뒤늦게 철이 드는 것 같아요."

또 어느 날은 택시에서 내가 좋아하는 장르의 음악이 연이어 흘러나왔다. 궁금증을 참지 못하고 나는 "음악이 참 좋네요. 기사님은 음악 관련한 일을 하셨나요?"라고 질문을 던졌다. 그랬더니 줄줄이 사연이 나왔다. "고등학교 때 음악에 미쳐 공부는 안 하고 밴드를 만들어 공연했어요. 지금 잘나가는 누구누구하고도 같이 활동을 했지요. 그런데 이 동네 와보니 나 정도의 재능으로는 어림도 없다는 판단이 서더군요. 그래서 취직을 해서 오랫동안 회사 일을 했어요. 은퇴하고 택시를 하면서 다시금 내가 예전에 음악을 사랑했었다는 생각이 들었어요. 그래서 좋아하는 음악을 저장해 가져와서 들으며 일을 합니다. 전 운전이 참 좋아요. 제가 좋아하는 음악을 얼마든지 들을 수 있거든요." 그러면서 내게 이러이러한 음악이 좋으니 들어보라는 팁까지 주었다.

사람과 사람 사이에는 두꺼운 철문이 내려져 있다. 웬만해서는 이 철문이 열리지 않는다. 사람들은 대부분 이 철문을 열고 다른 사람과 소통하고 싶어 한다. 다만 자신이 먼저 문을 열지는 않는다. 이 문을 여는 최선의 방법은 인사를 하고 말을 건네는 것이다. 그리고 그 사람에 대해 질문하는 것이다. 그럼 대부분은 기꺼이 자기 문을 열고 이야기를 한다. 자기 사연을 알려주고 삶의 지혜와 고급 정보까지 준다.

질문은 연결이다. 질문質問의 '질質' 자는 두 개의 '도끼 근斤'과 '조개 패貝'가 합쳐진 글자다. 여기서 도끼는 다듬는다는 뜻이고, 조개는 돈을 의미한다. '물을 문問'은 '문 문門'에 '입 구口'가 합쳐진 글자로, 남의 집 대문 앞에서 묻는다는 의미다. 대문 앞에서 자꾸 서로에 대해 묻다 보면 서로를 알게 되고, 친해지게 되면 좋은 일이 많이 생긴다는 것이다. 즉, 질문해야 친해지고 돈도 생긴다는 말이다. 물론 아무런 학문적 근거는 없다. 나만의 자의적인 해석이다. 질문은 연결이다. 연결되기 위해서는 그 사람에 대해 물어야 한다. 물어야 그 사람이 누군지, 무엇을 소중히 하는지 알 수 있다. 그 사람과 친해지는 최선의 방법은 그 사람에 대해 물어보는 것이다.

그런데 이런 종류의 대화를 못하는 사람이 많다. 말을 건네

사람과 사람 사이에는
두꺼운 철문이 내려져 있다.
웬만해서는 이 철문이 열리지 않는다.
사람들은 대부분 이 철문을 열고
다른 사람과 소통하고 싶어 한다.
다만 자신이 먼저 문을 열지는 않는다.
이 문을 여는 최선의 방법은 인사를
하고 말을 건네는 것이다.
그리고 그 사람에 대해
질문하는 것이다.

지도 않고 상대가 말을 건네도 제대로 대꾸하지 않는다. 물론 질문도 없다. 지나치게 쑥스러워하거나 낯을 가린다. 왜 그럴까? 자의식이 너무 강하기 때문이다. '먼저 말을 걸었다가 상대가 나를 이상하게 보면 어쩌지?'라고 생각하는 것이다. 아이들은 쉽게 친해진다. 서로 간의 장벽이 전혀 없다. 그런데 나이가 들수록, 사회적 지위가 높아질수록 우리는 벽을 쌓고 견제를 한다. 쉽게 친해지지 못한다. 하지만 내심 친해지고 싶어 하는 사람들도 있다. 이런 높은 벽을 없애는 방법이 바로 인사하고, 질문하고, 상대의 이야기를 열심히 듣는 것이다. 질문은 연결이다.

최고의 사고 도구는 바로 질문하는 것

낯선 사람을 처음으로 소개받았을 때 그와 원수가 되는 방법을 알고 있는가? 아무 질문도 하지 않고 소 닭 쳐다보듯 멀뚱멀뚱 앉아 있는 것이다. 상대방이 얼마나 겸연쩍겠는가? 강의가 끝난 후 질문 시간에 아무런 질문이 없다는 것은 무슨 의미인가? 강의가 별 볼일 없었다는 것을 묵시적으로 알리는 것과 같다. 반대로 강의 후 멋진 질문은 본인은 물론 강의한 사람도 빛나게 한다.

2008년 금융위기 이후 GE의 고위 임원이 경제공황에 어떻게 대응할지에 대해 많은 사람들 앞에서 강의를 했다. 이후 질문을 받는데 대부분 사람들은 뻔한 질문을 했다. 보너스는 삭감했는지, 투자를 계속할 것인지 등등……. 그때 국민대학교 고현숙 교수는 이런 질문을 했다. “위기일수록 리더의 역할이 중요한데 이럴 때 직원들이 당신을 통해 무엇을 배우길 바라는가?” 그러자 그는 이 질문을 기다렸다는 듯이 감동적인 연설을 했다. 그리고 강연이 끝난 후 그녀를 찾아와 멋진 질문에 감사하는 인사까지 했다.

조찬모임에 가면 테이블별로 분위기가 매우 다른 것을 관찰할 수 있다. 누군가 질문하는 사람이 있으면 그 테이블은 분위기가 좋고, 아무 질문 없이 멀뚱멀뚱 앉아 있는 테이블은 분위기가 썰렁하다. 처음 만나는 사람에게 질문을 던진다는 것은 “저는 당신에게 관심이 있답니다. 어떤 사람인지, 어떤 일을 하는지 궁금해요”라고 말하는 것과 같다. 당연히 관심 대상이 된 사람은 신이 나서 이야기를 한다. “제게 관심을 가져주셔서 감사드려요. 저는 이런 사람이고, 이런 일을 한답니다. 그런데 당신은 어떤 사람이지요?” 그래서 난 조찬모임에서 같은 테이블에 있는 사람에게는 최대한 정중하게 그들에 대한 질문을 하려고 노력한다. 몸담고 있는 회사는 어떤 곳인지, 어떻게 그런 일을 하게 되었는지, 그 일의 본질은 뭔지……. 그럼 말하는 사람도 신나고, 듣는 나도 많은 걸 배울 수 있다.

이런 일은 낯선 상대에게만 통하는 것은 아니다. 매일 만나는 상사와 직원, 동료끼리도 마찬가지다. 특히 평소에 만나기 어려운 높은 사람을 만났을 때는 미리 질문을 준비하면 의외로 좋은 일이 일어날 수 있다. 얼마 전 모 그룹에서 사장을 지냈던 분과 식사를 하게 되었다. 어떤 이야기 끝에 그가 그룹 회장님과 관련한 에피소드를 들려주었다.

"최고경영자 과정에서의 일입니다. 사장 후보들을 모아 몇 차례 교육을 하는데 과정 중 회장님과의 만찬 시간이 있었습니다. 여덟 명쯤 같이 식사를 하면서 자기 소개도 하고 간단한 질문도 합니다. 한 시간 반 예정인데 그날은 한 시간 만에 모든 게 끝나고 말았습니다. 30분간을 침묵으로 있는 게 싫어서 전 과감하게 회장님께 질문을 했습니다. 회장님은 현업도 안 하시고 현장도 잘 모르실 텐데 어떻게 그렇게 현업에 관해 잘 알고 계시냐는 질문이었습니다. 그러자 평소 말씀이 없으신 회장님이 장장 30분 동안 신이 나서 자기 무용담을 이야기하는 겁니다. 비서실 직원들도 회장님이 이런 자리에서 이렇게 말씀을 오래 하는 걸 본 적이 없다고 하더군요. 만찬이 끝난 후 회장님이 이번 사장 후보들은 다들 괜찮다는 말씀을 하셨습니다."

마음 문을 여는 가장 쉬운 방법은 그들에 대해 질문하는 것이다. 그렇다고 아무 질문이나 하면 안 된다. 난 여러 이유로 경영자, 저자, 기업의 오너 등을 자주 만난다. 이럴 때 나는 만나기 전 질문거리를 공을 들여 준비한다. 알고 있던 사람이라면 근황, 바뀐 점, 예전에 고민했던 것, 자녀 등과 관련해서 질문을 한다. 모르는 사람의 경우 그 사람을 검색해 그 사람이 어떤 사람인지 알아보기도 한다. 나이와 학력도 보고, 그 사람 책도 읽어보고, 그 사람이 쓴 칼럼도 읽어본다. 그럼 자연스럽게 물어볼 게 생긴다. 물론 실례가 될 만한 것, 그 사람이 싫어할 만한 질문은 가능한 피한다. 질문은 최고의 사교 도구다.

말문을 여는 질문으로 대화의 주도권을 넘겨라

얼마 전 대기업 고위 임원을 오래 하다 퇴임한 사람을 만나 점심을 먹었다. 그를 만난 지는 10년이 넘었지만 그 사람이 어떤 사람인지는 잘 몰랐다. 내가 아는 건 나이, 출신 학교 정도였다. 워낙 잘나가는 사람이라 만나기도 쉽지 않았고, 만나도 업무 관련 이야기를 하기 바빴기 때문이다. 그런데 몇 년 전 그가 퇴임을 하며 책을 펴냈는데, 그 책을 내게 선물로 보내준 것을 계기로 그와 약속을 하고 만나게 되었다. 난 책 이야기부터 꺼냈다. 쉽지 않은 일인데 어떻게 책을 내게 되었는지 물었다. 그랬더니 자신의 과거 이야기를 들려주었다.

"전 회사를 정말 사랑했습니다. 회사 덕분에 제가 이만큼 성장했고, 부모님도 모시고 자식들도 공부시킬 수 있었지요. 이 회사를 들어온 게 제 인생의 가장 큰 터닝포인트입니다. 전 시골 출신입니다만 공부를 제법 해서 명문대 법대에 들어가게 됐지요. 졸업 후에는 사법고시를 준비하느라 몇 년을 보냈는데 더 이상 공부할 여건이 안 되는 겁니다. 건강하던 아버지가 갑자기 암 진단을 받았고, 밑으로는 줄줄이 동생들이 있었습니다. 시험이고 뭐고 일단 돈을 벌어야겠기에 취직을 알아봤습니다. 다른 조건보다도 일단 돈을 많이 주는 곳을 찾았는데, 그게 바로 이 회사였습니다. 당시는 작은 회사였는데 20여 년 동안 회사가 엄청 커졌고, 덕분에 저도 가족들을 다 건사할 수 있었습니다."

이어 고향 이야기, 자식 이야기, 아버지 병 수발한 이야기, 별생각 없이 사놓은 주식 덕분에 노후 걱정 안 하게 된 이야기 등이 이어졌다. 내가 생각했던 그 사람과 실제 이야기를 들으면서 알게 된 그 사람 사이에는 차이가 있었다. 나 역시 틈틈이 이야기를 주고받으면서 그 사람과의 사이에 친분이 생기는 것이 느껴졌다. 내가 한 일은 그저 질문 몇 가지 던진 게 다였다.

나는 다양한 사람들과 다양한 주제로 대화 나누는 걸 좋아한다. 그중에서도 여러 사람과의 대화보다는 둘만의 대화, 현재에 대한 이야기보다는 여기까지 이르게 된 과정에 대한 이야기를 좋아한다. 중요한 건 분위기를 잘 만들고 좋은 질문을 던지는 것이다. 그런 면에서 어떻게 분위기를 만드느냐, 어떤 질문을 던지느냐, 대화를 어떻게 활성화시키느냐가 중요하다. 정해진 정답은 없다. 만나는 대상, 그 사람의 성향, 서로의 친소 관계에 따라 모두 달라진다.

난 누군가를 만날 때 목적성을 없애려고 노력한다. 이 사람을 만나 뭘 어떻게 해보겠다는 생각은 가급적 하지 않는다. 그냥 순수하게 이 사람을 알고 싶다고 생각한다. 이게 참 중요하다. 이 자리를 통해 뭔가를 건지려 한다든지, 시간의 가성비를 생각하면 만남이 재미없어진다. 그저 만남을 통해 서로를 알고, 괜찮으면 가끔 만나자는 정도의 목적을 갖고 있다. 다음으로, 대화의 분위기를 만들기 위해 사전에 그 사람에 대해 조금 공부를 해둔다. 대강의 나이나 프로필, 관심 분야 정도는 알아둔다. 그 과정에서 궁금한 점이 생기는데 이를 염두에 둔다. 첫 만남에서 가장 중요한 건 인사말이다. 난 이때 그 사람의 강점이나 좋은 점을 발견하려고 노력하고, 그것에 대한 코멘트를 자주 한다. 목소리가 좋은 사람에게는 "목소리가 참 좋네요"라고 말하고, 옷을 잘 입는 사람에게는 그에 대한 칭찬을 하는 식이다.

그다음 필요한 것은 잡담이다. 잡담은 의외로 중요하다. 처음부터 너무 딱딱한 이야기, 용건부터 꺼내는 것은 피하는 것이 좋다. 그런데 여기서 잡담은 연예인 이야기나 정치 이야기를 말하는 것이 아니다. 잡담에서는 내 화제보다는 상대 화제의 비율이 높아야 한다. 즉, 내 이야기보다는 상대로 하여금 말을 많이 하게 해야 한다. 잡담의 목적은 친숙한 분위기를 만드는 것이다. 본론에 들어가기 전에 서로에 대해 호감을 심어주고, 이야기보따리를 풀어놓을 수 있는 분위기를 만드는 것이다. 내가 생각하는 잡담이란 대화 상대를 인정하고 받아들이기 위한 준비 동작이다.

잡담을 잘하기 위해서는 다음 세 가지가 필요하다. 좋은 질문을 던지고, 상대 이야기에 귀를 기울이고, 긍정적인 반응을 보이는 것이다. 잡담에 있어서 좋은 질문이란 특별한 것은 아니다. 말문을 여는 질문 몇 가지면 된다. "어떻게 지금의 자리까지 오게 되셨나요?" "부모님은 어떤 분이셨나요?" "중간에 인생을 바꾼 터닝포인트가 있었나요?" "언제가 가장 힘드셨나요?" 같은 질문들이다. 그다음은 긍정적인 태도로 그 사람이 하는 이야기를 열심히 들어주면 된다.

내 이야기보다는 상대로 하여금 대화의 주도권을 쥐게 하는 질문을 던지는 것, 그것이 자연스러운 대화의 분위기를 만드는 핵심 기술이다.

좋은 질문은 호감을 낳는다

여러분은 다른 사람을 만나기 전에 무엇을 준비하는가? 나는 묵상을 하면서 오늘 만날 사람에 대해 생각한다. 그 사람이 날 만나자는 목적은 뭘까, 어떤 화제를 꺼내는 것이 좋을까, 그 사람이 좋아하는 것과 싫어하는 건 뭘까 등을 생각한다. 오랜만에 만나는 경우에는 주소록에 적어둔 그 사람 관련 정보를 다시 한번 살펴보기도 한다. 그러면서 좋은 질문을 준비한다. 내가 생각하는 좋은 질문이란 그 사람에 관한 질문이다. 그 사람이 관심을 갖고 있거나 그에게 전문성이 있는 주제에 관한 질문이다. 그리고 가능한 한 그 사람이 싫어하는 소재, 부정적인 이야기, 정치 관련 이야기는 피한다.

얼마 전 지인 자녀의 결혼식 주례를 봤는데 혼주인 지인이 고맙다며 식사를 하자고 했다. 문득 결혼식장에서 만난 그의 외삼촌 생각이 났다. 그의 외삼촌과는 우연히 주례 후 같은 테이블에 앉아 함께 식사를 하게 되었는데, 친화력이 좋았다. 그는 자신을 혼주와 동갑인 외삼촌이라고 소개한 뒤, 주례사 잘 들었다고 인사하며 이런저런 이야기를 했다. 혼주가 공부를 잘해서 어려운 살림에도 오늘날 저렇게 성공했다는 이야기였다.

지인을 만나서는 자연히 그때 만난 외삼촌 이야기부터 꺼내게 되었다. 어떻게 외삼촌과 나이가 같을 수 있느냐고 물었다. 그랬더니 이야기보따리가 풀어졌다.

"어머니는 시골 부잣집 딸이었습니다. 그런데 외할머니가 딸만 내리 다섯을 낳은 거예요. 아들이 필요했던 외할아버지는 씨받이를 들였어요. 그런데 말이 씨받이지 사실상 작은댁인 셈이지요. 작은어머니가 위로 딸을 낳고 아래로 아들을 둘 낳았는데 그분이 막내입니다. 저와 동갑이라 중학교까지 같이 다녔어요. 호칭만 외삼촌이지 말도 놓고 친구처럼 지냈습니다."

한 번 터진 이야기는 계속 이어졌다. 난 그분 집이 워낙 가난해 힘들게 공부해서 여기까지 온 사실은 알고 있었다. 그래서 "외가는 부자인데 어떻게 그렇게 가난한 아버지와 결혼을 했나요?"라고 물었다. 이야기를 들으면서 또 다른 의문이 생긴 것이다.

"저도 늘 그걸 이해할 수 없었어요. 어떻게 부잣집 딸을 그런 가난뱅이한테 시집을 보낼 수 있었는지 궁금해요. 나중에 하늘나라에 가서 외할아버지에게 한번 물어보고 싶어요. 그래도 아버지가 살아 계실 때는 그런 대로 먹고살 수 있었어요. 그런데 아버지가 서른여덟 젊은 나이에 갑자기 돌아가시면서 살림이 더 기울었어요. 아들 넷에 딸 하나를 남기고."

난 왜 돌아가셨느냐고 물었다.

"정말 황당했어요. 시골에는 시제時祭란 것이 있어요. 음력 10월에 5대 이상의 조상에게 제사를 지내는 것이지요. 그런데 시제 후 아버지가 갑자기 배가 아프다고 했다는 겁니다. 지금 생각하면 맹장염 정도 되었던 것 같아요. 무당을 불러 밤새 굿을 했는데 굿이 끝난 후 바로 돌아가셨어요."

난 이렇게 맞장구를 쳤다. "개성이 고향인 소설가 박완서 씨 아버지와 똑같네요. 그분도 배가 아프다는데 병원을 가지 않고 굿을 하는 바람에 돌아가셨답니다. 맹장염인 것 같았답니다. 박완서 씨 어머니가 무리해서 자식을 데리고 서울 유학을 간 것도 무지함이 사람을 잡는다는 걸 겪어보았기 때문이라네요."

질문은 질문을 낳는다. 질문을 하고 대답을 하면서 그분은 온갖 이야기를 다 털어놓는다. 어머니와 나무를 하던 이야기, 공부 대신 농사나 짓자고 해서 울었던 이야기, 공부가 하고 싶어 추곡 수매한 돈을 훔쳐 줄행랑을 친 이야기, 공부를 못 마친 동생들의 가슴 아픈 사연……. 말하는 사람도, 듣는 나도 정말 시간 가는 줄 몰랐다. 그분에 대해서는 나름 많은 걸 안다고 생각했는데 그날 만남 이후 우리 둘은 더욱 친해졌다. 술 한잔 하지 않았지만 속 깊은 이야기를 털어놓으며 전우애 같은 것이 생겼다. 나 또한 그분에게 부탁하고 싶은 것이 있어 이야기를 했더니 흔쾌히 도와주겠다고 했다.

난 언젠가 소설을 쓰고 싶다는 소망을 갖고 있다. 박완서 씨처럼 자전적 소설을 쓰고 싶다. 그런데 내 주변에는 얘깃거리가 별로 없다. 너무 평범하다. 그런데 문득 이 지인의 이야기를 들으면서 이분을 좀 더 인터뷰하면 박경리의 소설《토지》같은 걸 쓸 수 있지 않을까 하는 생각이 들었다. 소설을 쓰려면 정보 수집을 잘해야 한다. 수많은 사람을 만나 그들의 이야기보따리를 풀 수 있어야 한다. 그런데 이야기보따리를 푸는 열쇠는 바로 질문이다. 질문을 던지고, 이야기를 들으면서 추가 질문을 던지고, 잘 경청하고 반응을 하는 것이다. 무엇보다 질문을 주고받으면서 그와 친해진 것이 가장 큰 기쁨이고 소득이다.

꽉 막힌 대화의 숨통을 틔우는 질문

명절 때는 이틀 정도를 어머님 집에서 동생네 식구들과 같이 지낸다. 우리 식구 넷에 동생 식구 넷, 거기에 어머니까지 총 아홉 명이다. 오랜만에 가족들과 함께 음식을 만들어 먹고 이야기를 나누다 보면 처음에는 반갑고 즐겁지만, 어느 정도 시간이 지나면 피곤이 엄습한다. 거기에 이웃에 사는 조카가 명절이라고 애들을 데리고 집에 왔다 가면 난 파김치가 된다. 나는 오랫동안 이게 의문이었다. 명절이라고 해서 내가 특별히 하는 일은 없다. 음식을 하는 것도 아니고, 설거지를 하는 것도 아니다. 그저 가족들과 이야기를 나누고, 텔레비전을 보고, 조카들과 노는 게 하는 일의 전부다. 그런데 왜 이렇게 피곤할까?

내가 생각한 이유 중 하나는 적절한 공간 확보의 실패 때문이다. 너무 좁은 곳에 너무 많은 사람들이 함께 있기 때문이다. 어머니는 서른 평 남짓인 아파트에 혼자 사신다. 혼자 살기엔 충분하지만 그런 곳에서 아홉 명이 하루 종일 비비고 있는 것 자체가 피곤한 것이다. 만약 집이 훨씬 크고 마당도 있고 산도 있다면 이렇게까지 피곤하진 않을 것이다. 사람에겐 적절한 공간이 필요하다.

공간의 여유만큼 시간 여유도 중요하다. 신학생을 대상으로 한 실험에 관해 들은 적이 있다. 한 팀은 시간적 여유가 있고 다른 한 팀은 여유가 없게 만들었다. 이들이 강의를 들으러 가는 중간에 절실하게 도움을 필요로 하는 사람을 설정해놓고 이들의 반응을 보는 실험이었다. 결과는 뻔했다. 시간적 여유가 있는 팀은 자발적으로 이들을 도왔지만, 시간에 쫓긴 팀은 모른 척하고 자기 갈 길을 갔다는 것이다. 실험해보지 않아도 충분히 결과를 짐작할 수 있는 상황이다. 여유가 있어야 남도 도울 수 있다.

그런데 이런 여유는 시간과 돈 문제에 국한되지 않는다. 시간과 돈보다 더 중요한 건 마음의 여유이고, 이는 대화를 통해 드러난다. 사람과 이야기를 나누다 보면 뭔가 내부에 자기만의 생각으로 꽉 찬 사람들이 있다. 어떻게 비집고 들어갈 틈이 없다. 들어갈 수도 없고 들어가고 싶지도 않다. 자기 확신으로 가득 찬 사람, 자기 이야기만 하는 사람, 쉽게 결론을 내리는 사람, 선입관과 고정관념에 얽매인 사람, 남의 이야기를 들으려 하지 않는 사람, 공부하지 않으면서 세상만사를 다 안다고 착각하는 사람들이 그렇다. 대화에서도 가장 중요한 건 바로 공간 확보의 기술이다. 인간人間이란 말이 한자로 '사람과 사람 사이'를 뜻하는 것처럼 소통에서도 빈 공간이 있어야 대화가 원활해질 수 있다.

대화는 질문과 자기주장을 두 축으로 네 가지 형태로 나눌 수 있다. 질문은 없고 각자 주장만 있는 대화 형태가 최악이다. 서로 남의 말은 듣지 않고 각자 하고 싶은 이야기만 떠드는 것이다. 일명 '경로당 대화'다. 차선은 한쪽은 질문하고 다른 쪽은 답을 하는 형태다. 질문하는 쪽과 답하는 쪽이 구분되어 있다. 최악보다는 낫지만 최선은 아니다. 최선은 서로가 질문도 하고 답도 주고받는 것이다. 질문과 답이 섞여 있는 형태다.

질문 없는 대화는 사실상 대화가 아니다. 일방적인 주장에 불과하다. 질문은 자기 안에 공간이 없으면 나올 수 없다. 자기 확신으로 넘치는 사람이 할 수 있는 일은 자기 이야기를 쏟아내거나 남에게 자기 생각을 강요하는 것뿐이다. 질문을 한다는 건 '내 생각이 틀릴 수 있다. 상대에게 뭔가 배울 게 있다. 저것이 더

질문을 한다는 건
'내 생각이 틀릴 수 있다.
상대에게 뭔가 배울 게 있다.
저것이 더 알고 싶다'라고 하는
공간이 있을 때 가능한 일이다.
공간이 있어야 질문할 수 있다.
그런데 어떻게 하면
공간을 만들 수 있을까?

내가 생각하는 최선의 방법은
바로 질문이다.

알고 싶다'라고 하는 공간이 있을 때 가능한 일이다. 공간이 있어야 질문할 수 있다.

그런데 어떻게 하면 공간을 만들 수 있을까? 내가 생각하는 최선의 방법은 바로 질문이다. 우선은 스스로에게 질문을 해보자. 질문을 하고 생각을 하다 보면 공간이 생긴다. 대화에서도 물론 질문이 중요하다. 질문을 해야 두 사람 사이에 공간을 확보할 수 있다. 질문 없이 대화를 하는 건 산소가 부족한 곳에 있는 상황과 비슷하다. 잠시는 괜찮지만 오래 있으면 급격하게 피곤해진다. 질문은 마음의 공간을 확보하는 최고의 기술이다.

내가 만약 그 입장이었더라면

시리아 내전으로 인한 피해 규모는 엄청났다. 사망자 40만 명, 난민 180만 명, 게다가 화학무기로 민간인까지 공격하는 일이 벌어지자 미국은 시리아 내전에 개입하기로 결정했다. 존 캐리 미 국무장관은 2013년 9월 9일 기자회견을 열고 이와 관련한 여러 질문을 받았다. 언제 공습이 이루어지는지, 규모는 어떻게 되는지, 시리아의 대응은 어떻게 예상하는지 등의 질문이 있은 후, 한 여성이 이런 질문을 던졌다.

"시리아가 공습을 피하려면 어떻게 해야 하나요?"

많은 사람들이 이 질문에 의아해했다. 미국이 시리아를 공습하기로 결정했다는 것을 발표하는 기자회견이니만큼 공습을 전제로 한 질문들이 이어졌던 상황이었는데, 엉뚱하게도 그 여성은 미국이 아닌 시리아 입장에서 공습을 막을 방법에 관한 질문을 던진 것이다. 존 캐리는 한동안 생각을 하다 이렇게 답했다. "글쎄요, 살상무기를 포기하면 되지 않을까요?"

얼마 후 시리아를 지원하던 러시아 외무장관 세르게이 라브로프는 기자회견을 열어 이런 말을 했다. "우리 러시아는 시리아가 국제기구의 감시하에 살상무기를 단계적으로 포기할 것을 요청합니다." 미국의 개입으로 인한 전쟁의 확대를 피하고 싶었던 러시아로서는 당연한 일이었다. 그러자 얼마 후 시리아 외무장관 왈리드 알무알렘은 기자회견을 통해 러시아의 제안을 긍정적으로 검토하겠다고 말했고, 이틀 후 미국은 시리아 공습을 취소하겠다는 발표를 한다. 기자회견에서 한 여성의 질문이 있은 지 이틀 만에 이루어진 일이다. 그 여성은 CBS의 유명 앵커이자 기자인 마거릿 브레넌Margaret Brennan이다. 그의 질문 하나가 시리아 공습을 막고 수많은 생명을 구한 것이다. 이게 질문의 힘이다.

어떻게 이런 질문을 할 수 있었을까? 엄청 어려운 것은 아니다. 그는 그저 반대 입장에서 생각을 해보았을 뿐이다. 대부분의 기자들은 미국 입장에서 질문을 했다. 물론 그런 질문도 필요하다. 언제 공습을 할 것인지, 규모는 어떠한지 등도 알아야 한다. 하지만 마거릿 브레넌은 시리아의 입장에서 생각했다. '미국이 공격을 한다는데 내가 시리아 사람이면 어떤 생각이 들까? 시리아가 공격을 피하기 위해서는 무엇을 해야 하지?' 그게 궁금했던 것이다.

지금까지 많은 임원들을 코칭해왔는데 유난히 기억에 남는 사람이 있다. 글로벌 기업에서 오래 근무하다가 우리나라 모 기업의 신사업 때문에 스카우트된 사람이었다. 척 보기에도 아주 똑똑하고 자기 생각이 명확해 보였다. 해야 할 일과 이를 위한 로드맵도 확실했다. 그런데 처음에는 의욕적으로 일하던 그가 점차 지쳐가는 기색이 보이자 퇴사한다고 할까 봐 걱정된 인사팀에서 내게 SOS를 보내 코칭을 하게 되었다.

그는 뭔가 할 말이 많았고, 그동안 쌓인 게 꽤 있는 듯했다. 멀쩡히 다른 회사 잘 다니던 자기를 스카우트했으면 제대로 일할 여건을 만들어줘야지, 이렇게 간섭할 거면 뭣 때문에 자기를 뽑았느냐는 감정이 목까지 차 있었다. 무엇보다 직속 상관과 갈등이 많았다. 신사업인데 기존 사업과 똑같은 목표를 부여해 수시로 달성 여부를 가지고 못살게 군다는 인식이 강했다.

나는 처음에는 그의 말을 묵묵히 들었다. 공감할 수밖에 없는 처지였다. 얼마간 시간이 지난 후 난 이런 질문을 던졌다. "상무님의 처지는 잘 알겠습니다. 그동안 마음고생이 심했을 것 같네요. 그런데 만약 당신이 그 상관이면 어떻게 할 것 같나요?" 그는 그 질문을 받고 당황한 빛이 역력했다. 한참을 생각하더니 이렇게 말했다. "저도 비슷하게 할 거 같네요. 이 회사가 말은 안 하지만 숫자가 인격이란 문화가 강합니다. 아마 부사장님도 위에서 채근을 당해 제게 그러는 것 같습니다." 이 사건이 있은 후 그 임원의 태도는 눈에 띄게 부드러워졌고, 상사와의 관계도 급속히 개선되었다고 한다.

자식 때문에 고민하는 사람들이 많다. 부모 말은 안 듣고 자기 멋대로 행동한다고 미칠 것 같다고 한다. 난 이렇게 질문한다. "그런데 댁은 학교 다닐 때 공부 열심히 하셨나요? 부모님 말씀 잘 듣고 고분고분했나요?" 그러면 다는 아니지만 꽤 많은 사람이 "사실 아이 모습이 어릴 때 제 모습과 같습니다"라고 답한다. 난 이어서 "그런데 어떻게 이렇게 잘 성장하셨나요?"라고 질문한다. 그러면 "부모님이 기다려줬다", "시간이 지나면서 나아졌다", "어느 순간 철이 들었다" 등 다양한 답변이 나온다.

사람들은 주로 자기 입장에서만 생각한다. 그러면 억울하고 화가 날 수밖에 없다. 그럴 때 입장을 바꿔서 생각해볼 수 있는 질문을 던져보라. 그럼 뭔가 생각이 바뀌는 느낌이 들 것이다.

어떤 질문을 준비했는가

자주 가는 미용실에 노처녀 헤어디자이너가 있다. 얼굴도 예쁘고 목소리도 좋고, 무엇보다 분위기가 있다. 가을 코스모스 같은 그런 느낌이다. 워낙 노처녀가 많기도 하고 결혼 관련한 질문은 금기시하는 분위기라 결혼에 대해 일체 묻지 않았는데, 어느 날 자신이 먼저 이야기를 꺼내 그녀의 사정을 알게 되었다. 한창 연애할 만한 시절을 미국에서 보내는 바람에 좋은 사람 만날 기회를 놓쳤다는 것이다.

이후 나는 미장원에 갈 때마다 "좋은 일 있어요?"라고 의례적인 인사를 건넸다. 그날도 "휴가 잘 다녀오셨어요? 좋은 일 있어요?"라고 별생각 없이 인사를 했는데 의외의 답변이 돌아왔다. "이번 휴가 때 제주도에 다녀왔는데 다음 휴가는 좋은 사람과 갈 것 같아요" 이러는 거다. 사연을 물어보니 정말로 수년 만에 소개팅을 하게 되었단다. 그동안 거의 소개팅을 한 적이 없기 때문에 정말 기대되고 떨린다는 것이다. 직업 정신이 발동한 나는 "그래서 소개팅을 앞두고 어떤 준비를 하세요?" 하고 물었다. 그랬더니 어떤 옷을 입고 갈지에 대해 고민이란다. 친구들은 나이도 있으니까 화려하고 튀는 옷으로 입고 가라는데 자신은 무채색의 옷을 입고 싶단다. 난 자신이 편한 옷을 입는 게 좋다고 이야기한 후 상대가 어떤 사람인지 물었다. 그녀는 "건축을 하는 사람이래요. 카카오톡 사진을 보니 대부분 건축물 관련 사진이네요"라고 답한다.

이어 난 어떤 질문을 준비했는지 물었다. 그러자 "그게 무슨 말씀이세요? 질문을 따로 준비해야 하나요?" 하고 놀란다. 그래서 처음 만나 무슨 이야기를 할 것인지, 어떻게 분위기를 풀 것인지 물었더니 아이디어가 없단다. 내가 "상대가 어떤 질문을 하면 좋을 것 같아요?"라고 묻자 고개를 갸우뚱한다. 난 이런 조언을 했다. "사람은 자신에게 관심 있는 사람을 좋아합니다. 관심 분야에 대해 질문받는 걸 좋아하지요. 건축 하는 사람이니까 건축 관련한 질문을 해보세요. 어떻게 건축에 관심을 갖게 됐는지, 어떤 건축가를 좋아하는지, 스페인의 유명한 건축가 가우디나 일본의 안도 다다오에 대해 어떻게 생각하는지 등등. 나머지 질문은 이야기를 들으면서 거기에 맞춰 하면 됩니다." 그러자 순간 그녀의 얼굴이 환해졌다. 그렇지 않아도 처음 하는 소개팅이라 걱정을 했단다. 뻘쭘하면 어쩌지, 이런 분위기를 어떻게 풀 수 있을까 고민했는데 다행이란다.

어떤 만남이건 첫 만남이 중요하다. 첫 만남에서 좋은 인상을 줄 수 있어야 비즈니스도 잘할 수 있고 청춘 사업도 활발하게 할 수 있다. 그런데 첫 만남이 즐겁기 위해서는 어떤 이야기를 해야 할까? 해서는 안 되는 말은 무엇일까? 정답은 없지만 밑도 끝도 없는 자기 자랑, 연예인 이야기, 사돈의 팔촌 이야기, 정치나 종교 이야기는 하지 않는 게 좋다.

최고의 대화를 위해서는 좋은 질문을 준비해야 한다. 좋은 질문은 상대의 관심 분야에 대한 것이다. 만약 상대가 최근 멋지게 성공한 사업이 있다면 거기에 대해 물어야 한다. 만약 다른 회사를 인수합병했거나 사업부 하나를 매각했다면, 무엇을 기대하고 그런 일을 했는지 묻는 것도 좋다. 스키광이면 스키에 대해 묻는 것도 좋고, 요가를 하는 사람이면 요가에 대한 질문도 좋다. 중요한 건 사전에 만날 사람에 대해 미리 공부해야 한다는 사실이다.

비즈니스 미팅에서는 더욱 그렇다. 지명도가 높은 사람을 만나면서 아무 준비를 하지 않으면 그 자체로 큰 실례다. 상대에 대해 모르면 질문도 할 수 없다. 그럼 성의 없는 질문이 나오게 되어 있다. 예를 들어 "요즘 제일 고민되는 문제가 뭡니까?"라는 질문이다. 이런 질문을 받은 상대는 어떤 생각을 할까? '이 친구 뭐 하는 사람이야? 아무런 사전 공부 없이 나를 만나러 왔구나. 그럼 할 말이 별로 없겠다. 내가 이런 사람에게 시간 낭비할 필요는 없지' 하고 생각하게 된다. 당연히 마음의 셔터를 내릴 것이다. 이런 질문은 무성의하고 게으른 질문이다. 자신이 아무 생각 없이 만나러 왔다는 것 외에 아무것도 아니다.

만남은 눈뜸이다. 모든 것은 만남으로부터 온다. 새로운 기회도, 깨달음도, 돈을 버는 것도 다 사람을 통해서다. 그렇기 때문에 만남을 신성시해야 한다. 만나는 시간 자체를 가치 있게 만들어야 한다. 최선은 만날 사람에 대해 미리 공부하고 질문거리를 준비하는 것이다. 관련 기사도 보고, 책이 있다면 책도 읽어보고, 검색도 해봐야 한다. 누군가를 만날 예정인가? 그 사람에 대해 알아봤는가? 어떤 질문을 준비했는가?

철저히 준비된 질문이 대화의 격을 높인다

뉴스를 보면 전문가들이 자주 등장한다. 북한 문제 전문가, 정치 문제 전문가, 심리학 전문가……. 그런데 매번 몇몇 교수가 나와 그렇고 그런 뻔한 이야기를 반복한다. 그걸 보면 몇 가지 의문점이 생긴다. 세상에 섭외할 사람이 저 교수밖에 없을까? 어떻게 저런 뻔한 말만 할까? 사실 알아보면 훨씬 다양한 분야의 전문가를 찾을 수 있지만, 이런저런 이유로 기자들은 섭외하기 쉬운 사람만 찾는 경향이 있다. 그래서 한번 알려진 교수를 계속 활용한다. 제대로 질문하지 못하는 것도 이유다. 질문자도 어느 정도

지식을 갖고 있어야 거기에 맞는 질문을 할 수 있는데 기초가 약한 것이다. 또 방송 시간 제약도 이유가 될 것이다.

인터뷰에서 제일 중요한 것은 질문의 목적과 거기에 맞는 사람을 찾는 것이다. 왜 내가 이 인터뷰를 하려고 하는가, 무엇을 얻고 싶은가, 어떤 사람이 이 인터뷰에 가장 적합한가를 생각해야 한다. 그것이 명확하면 목표의 반은 달성된 것이다. 물론 그게 쉽지만은 않다. 인터뷰를 제대로 하기 위해서는 많은 준비가 필요하다. 질문자 자신이 먼저 무장되어 있어야 한다. 특히 인터뷰 대상자들은 대개 유명인이거나 일정 경지에 오른 사람들이기 때문에 여기저기 관련 기사나 저서 등의 정보가 널려 있다. 인터넷이 발달한 요즘에는 마음만 먹으면 그 사람에 대한 사전 지식을 얼마든지 얻을 수 있다. 미리 철저히 관련 정보를 습득한 뒤, 인터뷰 시간에는 사전 조사로는 알기 어려웠던 부분만을 집중적으로 물어보는 것이 좋다.

인터뷰의 핵심은 바로 질문이고, 질문의 핵심은 사전 준비다. 질문을 들어보면 그 사람이 준비된 선수인지 아닌지 바로 알 수 있다. 나도 인터뷰 요청이 자주 오는 편인데, 누가 질문을 하느냐에 따라 인터뷰의 품질이 많이 달라진다는 것을 느낀다. 주로 소통, 리더십, 채용 등의 주제인데, 대부분의 경우 질문자들이 아무 준비 없이 제목만 갖고 온다. 사전에 질문지를 보내주는 경우에도 내용을 살펴보면 질문 같지 않은 질문도 많다. 인터뷰이인 내가 다시 질문지를 수정해서 보내주는 경우도 있다. 내가 질문하고 내가 답하는 격이다.

아무 준비 없이 하는 질문은 게으른 질문이다. 대표적인 것이 처음 만난 전문가 혹은 유명인에게 "요즘 제일 고민되는 문제가 뭡니까?"라고 하는 질문이다. 이 질문은 나는 게으른 사람이다, 난 아무 준비 없이 당신의 명망만 듣고 왔다. 그러니 아무 이야기나 한마디 해달라고 주문하는 것과 같다. 이 질문을 받은 전문가가 무슨 생각을 할 것 같은가? 처음 보는 사람, 아무 공감대도 형성되지 않은 사람에게 자신의 깊은 속을 털어놓을 것 같은가? 말도 안 되는 기대다. 나 같으면 절대 답하지 않는다.

유명한 사람일수록 섭외하기 어렵다. 섭외에 성공했다면 그 사람의 속내를 끄집어내기 위해서는 준비가 필요하다. 유명 기업의 오너들은 특히 그러하다. 내 경우는 철저히 준비한다. 연례 보고서도 읽고, 인터넷도 뒤지고, 연설도 읽어보고, 다른 인터뷰 영상도 보고, 시장 분석 자료도 읽는다. 그가 중시하는 철학이나 전략 등도 숙지한다. 그래서 거기에 맞는 질문을 준비한다. 이런 식이다. "이번에 이런 회사와 합병을 했던데, 어떤 전략적 목적이 있나요?" "새로운 경영 이념을 발표했던데 이념을 바꾼 건가요, 아니면 평소 생각을 다시 정리한 건가요?" 내가 당신에 대해 공부를 많이 했으니 한 수 가르쳐달라는 걸 은연중에 드러내는 것이다. 진실은 전달된다. 상대는 놀라워하며 내가 듣고 싶어 하는 이야기를 자세히 해준다. 이야기를 열심히 듣고 추가 질문을 하면서 신뢰 관계가 깊어진다.

인터뷰의 핵심은 질문이다. 그런데 알아야 질문할 수 있고 알기 위해서는 공부를 해야 한다. 프로세스는 명확하다. 그 사람에 대해서 더 알고 싶으면 그 사람에 대해 공부할 것, 공부하다 보면 궁금한 게 생기는데 이를 질문으로 바꿀 것, 열심히 들으면서 또 다른 질문을 던지며 더 깊이 들어갈 것, 틈틈이 공감하고 자신의 생각도 살짝 곁들일 것. 이런 것이 내가 생각하는 인터뷰와 질문 간의 상관관계다.

세상에서 정말 만나고 싶은 사람이 있는가? 그 사람을 만나 한 시간 동안 이야기할 기회가 주어진다면 어떤 질문을 던질 것인가? 그 질문을 한번 적어보라. 이를 많은 사람들에게 써먹어 보라. 사람에 대해 더 깊이 이해할 수 있게 될 것이다.

관심과 관계의 연결고리

오랫동안 행복하게 장수한 사람들의 특성을 들어본 적이 있다. 바로 대인관계가 넓고 깊다는 것이다. 다양한 사람들과 오랫동안 친밀한 관계를 유지하는 것은 행복과 장수의 비결 중 하나다. 당연한 이야기다. 인간은 관계 때문에 행복해지고, 또 관계 때문에 불행해진다.

그런데 관계란 무엇일까? 어떻게 해야 좋은 관계를 유지할 수 있을까? 관계는 한자로 '빗장 관關', '이을 계係'다. 빗장을 열고 들어가야 관계가 시작될 수 있다는 뜻으로 나는 해석한다. 누가 내 문을 따고 들어오기 전에 내가 먼저 빗장을 열고 들어가야 한다. 관계를 끝내는 것도 비슷한 과정일 것이다. 내가 빗장을 걸어 잠그면 그 관계는 끝이다.

좋은 관계를 위해서는 무엇이 필요할까? 난 내가 먼저 좋은 사람이 되어야 한다고 생각한다. 내가 좋은 사람이면 좋은 사람들이 내 주변에 모일 것이고, 내가 나쁜 사람이면 나쁜 사람들이 모일 것이다. 그 외에도 좋은 관계를 위한 방법으로는 베풀기, 주고받기, 매력 등 여러 가지가 있다.

그런데 관계의 가장 중요한 전제조건이 있다. 바로 관심이다. 상대방에게 관심이 있어야 좋은 관계를 맺을 수 있다. 관심이 없으면 그 관계는 겉도는 관계로 남을 가능성이 높다. 그렇다면 관심이란 무엇일까? 관심은 한자로 '빗장 관關' 더하기 '마음 심心'이다. '마음을 여는 빗장'이란 뜻이다. 관심은 나의 마음에 달려 있다. 내가 관심을 보이는 것이 내 행동을 좌우하고, 거기에 돈과 시간을 쓰게 된다.

요즘 여러분의 최대 관심은 무엇인가? 누구에게 가장 관심이 많은가? 대인관계의 출발점은 상대에 대한 관심이다. 관심을 갖는 것은 최고의 사교 도구다. 그런데 관심과 관계를 이어주는 연결고리가 있다. 바로 질문이다. 관심을 가지면 질문이 생겨나고, 관심이 없으면 질문은 사라진다. 관심을 갖게 되면 사소한 것

대인관계의 출발점은
상대에 대한 관심이다.
관심을 갖는 것은 최고의 사교 도구다.

그런데 관심과 관계를 이어주는
연결고리가 있다.
바로 질문이다.
관심을 가지면 질문이 생겨나고,
관심이 없으면 질문은 사라진다.

까지 알고 싶지만, 관심이 없으면 아무것도 궁금하지 않다. 관심도 없고 질문도 없는 사람에게 뭔가를 이야기하는 것만큼 허무한 일은 없다. 커뮤니케이션의 시작은 바로 관심이다. 관심에 따른 순수한 질문이다.

나는 요즘 손자가 태어나 행복한 나날을 보내고 있다. 매일매일 그 녀석의 자라는 모습이 궁금하다. 가끔 보면 뭔가를 생각하는 것 같은데 무슨 생각을 하는지 정말 궁금하다. 아직 말을 못하지만 말을 하게 되면 묻고 싶은 것도 많고, 하고 싶은 말도 많다. 난 태생적으로 이기적인 사람이다. 모든 관심을 내게만 쏟으며 살아왔다. 그런데 자식을 키우면서 조금씩 관심 분야가 나로부터 자식으로 옮겨졌다. 손자를 보니까 훨씬 많은 관심이 그쪽으로 간다. 관심을 가지면 질문을 하게 되는데, 이때의 질문은 단순히 궁금한 점을 묻는다는 것 이상의 의미가 있다. "나는 당신에게 관심이 있다. 그러니 귀찮더라도 이것저것 좀 알려주었으면 좋겠다"는 의미가 숨어 있다.

관심을 발전시키기 위한 질문

- ● 요즘 어떤 이슈에 가장 관심을 두고 있는가?
- ○ 관심을 충족시키기 위해 어떤 활동을 하는가?
- ● 한때 관심이 있었지만 지금은 시들해진 이슈는 무엇인가?
- ○ 오래전부터 변함없이 이어져온 관심 분야가 있는가?
- ● 비교적 최근에 관심을 두기 시작한 분야는 무엇인가?
- ○ 주로 어떤 분야에 관심을 두는가?
- ● 관심 분야가 어떻게 변하고 있는가?
- ○ 현재 주변 사람들의 주된 관심은 무엇인가?
- ● 당신이 주로 관심 갖는 분야와 주변 사람들이 관심 갖는 분야는 비슷한가?
- ○ 관심을 보다 생산적으로 활용할 수 있는 방법은 무엇일까?

질문의 짝,
경청

뭐든 짝을 지어야 효과가 있다. 남자가 있으면 여자가 있어야 하고, 밤이 있으면 낮이 있어야 한다. 정치도 야당과 여당이 있어야 하고, 바퀴도 하나보다는 두 개가 있어야 한다. 그래야 안정적이다. 커뮤니케이션도 그렇다. 말하는 사람이 있으면 당연히 듣는 사람이 필요하다. 듣는 사람이 없는데 혼자 말을 하고 있다면 정신 나간 사람일 가능성이 높다. 듣는 사람이 있는데 말하는 사람이 없는 것도 이상하다. 그런 면에서 질문과 경청은 커뮤니케이션의 양대 축이다.

질문과 경청이라는 두 축으로 매트릭스를 만들어보면 네 가지 경우의 수가 나온다. 첫 번째는 질문도 없고 경청도 없는 상태다. 이를 불통이라 부른다. 꽤 많은 조직이 이러하다. 두 번째는 질문은 없는데 경청은 있는 경우다. 그러나 이 같은 경우는 현실적으로 있을 수 없는 상황이다. 질문이 없으면 답도 없고, 답이 없으면 들을 것 자체가 없다. 세 번째는 질문은 있는데 경청이 없는 경우다. 이런 조직이 제법 많다. 뭔가 물어봐놓고 열심히 듣지 않는 것이다. 딴생각을 하거나 자기에게 편한 것만을 골라서 듣는다. 그럼 말하는 사람은 김이 샌다. 처음엔 잘 모르고 열심히 생각해서 답을 했지만 이런 일이 반복되면 생각도 하지 않고 답도 하지 않게 된다. 네 번째는 질문도 잘하고 경청도 잘하는 경우다. 이 경우 진정한 소통이 이루어지고 생산적인 조직 운영을 할 수 있다. 가장 이상적인 조직이다.

그런데 왜 경청이 중요할까? 첫째, 경청을 해야 무언가 배울 수 있다. 말을 하는 동안 우리는 배울 수 없다. 무언가 배우기 위해서는 입을 다물고 질문을 하면서 상대 이야기에 귀를 기울여야 한다. 둘째, 경청을 해야 상대와 친해질 수 있다. 경청해야 사람의 마음을 살 수 있고, 그래야 그 사람을 설득할 수 있다. 경청은 대인관계의 출발점이다. 대인관계가 나쁜 사람들의 특징은 잘 듣지 못한다는 것이다. 관심을 갖고 들어주는 것은 최고의 아첨이다. 셋째, 내 귀를 열어야 상대 입을 열 수 있다. 특히 직급이 높은 사람일수록 더욱 그러하다. 최고경영자가 경청을 잘하는 조직은 커뮤니케이션의 파이프라인이 살아 움직인다. 잘 들어주기 때문에 현장에서의 정보, 문제점, 소리들이 생생하게 위로 전달된다. 반대로 최고경영자의 귀가 막히면 아무 정보도 위로 올라가지 않는다. 이야기해봐야 소용없다고 판단되는 순간 사람들은 입 열기를 멈추게 되고, 이때부터 조직은 망가진다. 넷째, 잘 들어야 사업을 잘할 수 있다. 일류 영업사원의 특징은 잘 듣는다는 것이다. 일류 사업가의 특징 또한 잘 듣는다는 것이다. 잘 들어야 상대의 호감을 살 수 있고, 상대의 니즈를 정확히 파악할 수 있다.

묻기와 듣기는 같은 무게를 지닌다. 잘 듣지 못하면 질문이 좋아도 소용이 없다. 대화할 때 말하는 사람만큼 중요한 역할을 하는 사람이 바로 듣는 사람이다. 상대는 열심히 이야기하는데 아무 질문도 없고 반응이 없다면 더 이상 이야기하고 싶지 않을 것이다. "왜 그렇지요? 그래서 어떻게 했습니까? 정말 힘들었겠네요. 그게 무슨 말이지요? 더 이야기해보세요"라고 적절하게 질문하고 반응해야 한다. 그럼 대화의 불꽃이 타오른다.

열심히 들어야 적절한 시점에서 적절한 질문을 할 수 있다. 반대로 제대로 듣지 않으면 엉뚱한 질문으로 대화의 맥을 끊어놓을 수 있다. 경청과 질문은 같이 간다. 잘 들어야 상대는 더 신이 나서 이야기하고, 그런 이야기를 들으면서 더 좋은 질문이 생각난다. 결과는 맛있는 대화다. 서로에 대한 친근감의 획득이다. 더 많은 정보의 습득이다.

Part. 3

일의 방향을 정하는 질문

당신의 목적지는 어디인가

오래전《한국인 성공의 조건》이란 책을 쓴 적이 있다. 이 책을 쓰기 위해 6개월쯤 성공한 경영자를 섭외해서 만났다. 여러 사람에게 추천도 받고 언론사의 도움도 받아 꽤 많은 사람을 만났다. 50명쯤 만난 것 같다. 그들을 인터뷰해서 글을 쓰고 이를 잡지에 실은 후 모아 책으로 냈다. 그들이 생각하는 성공이란 어떤 것인지, 어떤 습관과 공통점을 갖고 있는지, 중간에 어떤 위기가 있었는지 등을 물어봤다. 6개월 동안 난 '성공'이란 단어에 꽂혀 있었다. 성공이란 무엇일까를 계속 생각했다. 앉으나 서나 성공이란 화두를 붙잡고 있었다.

내가 생각하는 성공은 돈이 많은 것도, 사회적 지위가 높은 것도, 유명해지는 것도 아니었다. 내가 생각하는 성공이란 '건강한 사회인으로 성장하여 선한 영향력을 발휘해 사회에 조금이라도 도움이 되는 사람이 되는 것'이었다. 수년 전에는 오십견에 퇴행성 관절염이 왔다. 이때는 건강에 대한 생각을 많이 했다. 아침저녁으로 건강에 대한 생각만 했다. 질문도 건강에 관한 것들을 많이 던졌다. 건강이란 무엇일까, 내 건강 상태는 어떤가, 난 어떤 몸을 갖고 싶은가, 어떻게 하면 건강해질 수 있을까…… 이런 질문을 계속 던졌다. 그러다 집 주변 헬스장에서 괜찮은 트레이너를 만나 운동을 하면서 몸이 점차 좋아졌다. 건강에 자신감이 생겼고, 이 체험을 토대로 《몸이 먼저다》란 책을 써서 베스트셀러가 되기도 했다.

그 사람의 생각이 행동으로 나타나고, 행동이 습관이 되고, 습관이 결국 그 사람이 된다는 말이 있다. 전적으로 이 말에 동의한다. 시작은 생각이다. 관심 분야다. 내가 주로 어떤 생각을 하느냐, 어떤 질문을 던지느냐, 어떤 화두를 갖고 사느냐가 내 인생을 만든다. 질문이 곧 답인 것이다.

자동차를 타자마자 가장 먼저 하는 행동이 있다. 바로 목적지 설정이다. 시내 지리를 훤히 아는 택시기사도 종종 내비게이션을 켜고 목적지를 설정한다. 나같이 길눈이 어두운 사람은 말할 것도 없다. 일단 목적지를 설정하면 어느 길로 어떻게 가야 할지 고민하지 않는다. 그저 내비게이션이 알려주는 대로 따라가면 된다. 중간에 길을 잘못 들어서는 경우도 있지만, 큰 문제가 되지는 않는다. 내비게이션이 잘못 든 걸 알고 바로 재설정해주기 때문이다.

질문이 답이다. 질문이 곧 해결책이다. 질문은 내비게이션과 같다. 질문을 던진다는 것은 목적지 설정을 위한 가장 중요한 과정이다. 최고의 직원이 되고 싶은가? 그렇다면 최고의 직원이 누군지, 어떻게 하면 되는지 끊임없이 질문하면 된다. 일단 스스로에게 던져야 한다. 회사에서 가장 인정받는 최고의 직원은 누구인지, 주변 사람 중 최고의 직원이라고 생각하는 사람은 누구인지, 왜 그렇게 생각하는지, 그의 행동 중 따라 하고 싶은 건 어떤 것인지를 생각하는 것이다.

상사나 동료에게도 질문을 던져보아야 한다. 그들이 생각하는 최고의 직원은 누구인지? 왜 그렇게 생각하는지 물어보는 것이다. 한 달 동안 최고의 직원이 누구인지를 생각하면서 생활한다면 어떤 일이 일어날까? 이미 그는 최고의 직원이 되어 있을 가능성이 높다. 최고의 직원을 생각하면서 매일 자신도 모르게 조금씩 최고의 직원을 흉내 낼 가능성이 높기 때문이다. 매일 질문은 내비게이션과 같다.
질문을 던진다는 것은
목적지 설정을 위한
가장 중요한 과정이다.

최고의 직원이 되고 싶은가?
그렇다면 최고의 직원이 누군지,
어떻게 하면 되는지
끊임없이 질문하면 된다.

매일 최고의 직원에 대해
생각하다 보면 자신도 모르게
조금씩 그 사람을 닮아가게 될 것이다.

최고의 직원에 대해 생각하다 보면 엉뚱하게 행동할 가능성이 적다.

여러분은 요즘 어떤 질문을 주로 던지는가? 아무 질문도 던지지 않는다고? 그럼 여러분의 삶은 어디를 향하고 있는 것인가? 질문이 없다는 건 목적지 설정을 하지 않고 운전을 하는 것과 같다. 공회전을 하고 있을 수도 있다. 질문이 곧 답이다. 질문은 이미 그 안에 답을 포함하고 있다.

그 일이 정말
아무 의미 없습니까

지인으로부터 들은 이야기다. 약간의 치매기가 있는 아흔넷의 노모가 혼자 사는 집에 일흔세 살의 아들이 함께 살게 되었다. 회사를 그만두고 할 일이 없던 그는 술로 세월을 보냈다. 술이 늘면서 점차 알코올중독 증세가 나타났고, 심지어는 아내에게 폭력적인 성향마저 드러냈다. 견디다 못한 부인이 이혼을 요구했고, 결국 그는 일흔이 넘은 나이에 혼자가 되어 홀로 살던 노모에게로 간 것이다. 그야말로 최악의 시나리오다. 그런데 늙은 아들과 함께 살면서 치매 증세를 보였던 노모의 건강 상태가 급

격히 회복되기 시작했다. 어떻게 그런 일이 일어났을까? 여러분들은 이유를 뭐라고 생각하는가? 노모가 매일 삼시 아들의 밥을 해주면서 삶의 의미를 찾았기 때문이란 것이 내 생각이다. 그동안은 죽을 날만 기다리면서 무료하게 지내다가 늙은 아들이 들어오면서 비로소 존재의 이유를 다시 발견한 것이다. 그만큼 삶에서 의미는 결정적으로 중요한 역할을 갖고 있다.

우리는 많은 일을 힘들어한다. 결혼을 하는 것도, 아이를 낳아 키우는 것도, 회사 일 하는 것도, 부모를 봉양하는 것도, 밥하는 것도, 설거지 하는 것도 다 힘들다. 세상에는 온통 힘든 일뿐이다. 하고 싶은 일은 임대료나 받으며 골프나 치고 세계 여행이나 다니는 것이다. 그런데 힘들다는 것이 도대체 무슨 뜻일까? 내가 생각하는 '힘들다'의 정의는 '의미를 발견할 수 없다'의 다른 표현이다.

평생을 다이어트에 목숨 건 배우자를 마땅치 않게 보는 지인이 있다. 늘 다이어트 문제로 티격태격 싸우면서 이런 말을 한다. "어차피 원위치가 될 걸 왜 그러느냐? 좀 먹어라. 먹고 죽은 귀신은 때깔도 곱다. 어차피 살을 빼봐야 당신은 거기서 거기다." 이런 말로 상대의 열을 돋군다. 아무 효용성이 없는 말이다. 괜히 사이만 나빠진다. 당신 같으면 어떻게 하겠는가? 나라면 "다이어트가 당신에게 어떤 의미가 있는가?"란 질문을 할 것이다. 의미를 묻는 질문이다. 그럼 질문을 받은 사람은 어떤 생각을 할까? 대부분의 사람은 별생각 없이 남들이 다 하니까, 살이 좀 쪘다고 생각해서 다이어트를 한다. 그런데 그런 질문을 받으면 다이어트가 자신에게 어떤 의미를 갖는지 진지하게 생각하기 시작한다. 다양한 답변이 나올 것이다. 몸무게를 줄이고 싶다는 욕구를 넘어 "자신감을 갖고 싶다", "내가 어떤 사람인지 확인하고 싶다", "내 인생에 변화를 주고 싶다", "나도 할 수 있다는 믿음을 갖고 싶다" 등 별생각 없이 하던 다이어트에 대해 의미를 생각해보기 시작할 것이다. 만약 새로운 의미를 발견했다면 이후의 다이어트는 이전의 다이어트와 달라질 것이다.

일에 대한 것도 그렇다. 대부분 사람들은 일을 지겨워한다. 경제적인 목적 외에는 큰 의미를 두지 않는다. 당연히 주중은 괴롭고 주말을 위해 산다. 그런 사람을 어떻게 동기부여시킬 것인가? 일에 대한 의미를 물어보라. "일이 당신에게 어떤 의미가 있나요?", "직장이란 당신에게 어떤 존재인가요?", "일을 하지 않고 산다면 어떨 것 같나요?", "돈을 주는 것 외에 또 다른 가치는 없나요?", "어떤 부분이 충족되면 더 열정을 갖고 일할 수 있을까요?" 여러분도 이 질문에 답을 해보라. 여러분에게 일은 어떤 의미를 갖고 있는가?

내 이야기를 잠깐 하고 싶다. 미국에서 공학 박사까지 받은 후 들어간 대기업은 내게 죽음이었다. 긴 근무 시간, 관료적인 문화, 고압적인 상사, 쓸데없는 회의는 기본이다. 무엇보다 나를 힘들게 한 건 내게 주어진 잡일이었다. 젊은 나이에 임원이 되었다는 이유로, 또 영어가 좀 된다는 이유로 외국 손님들이 오면 늘 내가 공장 안내를 해야 했고, 신입사원이나 경력사원을 뽑으면 이들을 교육시키는 것도 내 임무였다. 당시 난 기획 담당 임원이라 이런 일과는 무관했지만, 젊고 강의를 좀 한다는 이유로 연말연시면 백암에 있는 연수원을 내 집 다니듯이 가야 했다.

일할 시간도 부족한데 그런 일까지 추가로 하려니 짜증이 났다. 왜 이런 쓸데없는 일에 내 시간을 써야 하는지 이해할 수가 없었다. 세월이 지난 지금에 와서 생각해보면, 그 시간들은 결코 가치 없이 흘러간 것이 아니었다. 바로 그런 시간들이 축적되어 오늘의 나를 만들었다. 하지만 당시에는 그런 깨달음이 없었다. 당시 누군가 힘들어하는 내게 "지금 하는 일이 당신에게 아무런 의미가 없나요? 이 일을 통해 배우는 건 없나요?"란 질문을 던졌다면 어땠을까? 분명 긍정적인 생각을 할 수 있었을 것이고, 그랬다면 같은 강의도 훨씬 즐겁게 했을 것이다.

삶에 의미가 있다면 인간은 모든 것을 견딜 수 있지만,
반대로 삶에 의미가 없다면 어떤 것도 참을 수 없다.

《목적이 이끄는 삶》에서 릭 워런Rick Warren이 한 말이다. 늘 의미에 관한 질문을 본인과 주변 사람에게 던져보라. 그럼 의미 있는 삶을 살게 될 것이다.

지식
견해

사람은 어떻게 발전할까? 나는 그동안 어떻게 변화했을까? 과연 지금의 나는 예전의 나보다 더 괜찮은 사람일까? 가장 이상적인 발전의 프로세스는 뭘까?

바람직한 발전의 단계는 '지식견해知識見解'라는 네 글자로 표현할 수 있다. 그 첫 단계는 '알 지知', 즉 아는 것이다. 그런데 안다는 것은 정확히 무엇을 뜻하는가? 내가 생각하는 아는 것의 정의는 자신의 생각을 말로 표현할 수 있는 것이다. 표현할 수 없다면 진정으로 아는 것이 아니다.

일 잘하는 사람들의 특성이 있다. 자신이 하는 일을 막힘 없이 줄줄 이야기한다는 점이다. 지금 무슨 일을 하고 있는데, 그 일의 핵심은 뭐고, 앞으로 이런 식으로 진행이 될 것이고, 이런 부분을 도와주면 더 좋은 결과가 나올 수 있다……. 이런 설명을 들으면 그가 하는 일을 그림처럼 그릴 수 있다. 반면 일 못하는 사람의 특징은 자신이 하는 일에 대해 제대로 설명하지 못한다는 것이다. 자꾸 나중에 보고서로 제출하겠다고 미룬다. 그럴 필요 없으니 지금 말로 설명해보라고 하면, 할 수 없이 설명을 하긴 하는데 도통 무슨 말인지 정리되지 않아 이해할 수가 없다. '알 지知' 자는 '화살 시矢'에 '입 구口'를 더한 말이다. 자신이 아는 것을 말로 표현하는 것을 뜻한다고 나는 해석한다.

발전의 두 번째 단계는 '알 식識' 자다. '말씀 언言'에 '찰흙 시戠'를 더한 글자로, 말을 찰흙판에 새긴다는 의미다. 즉, 글쓰기를 뜻한다. 배우는 과정에서 가장 중요한 건 바로 글쓰기다. "이 조직에서는 위로 올라갈수록 글을 잘 써야 합니다. 글을 쓰지 못하면 위로 올라갈 수 없어요. 중요한 건 글쓰기는 절대 남에게 시킬 수 없다는 겁니다. 윤리 규정에 어긋나지요. 글을 쓰면서 자신의 생각과 철학, 관점 등을 다듬고 이를 전달할 수 있기 때문입니다." 글로벌 조직의 경영진을 코칭하는 고현숙 코치가 미국에 다녀와서 내게 해준 말이다.

안다는 것은 자신의 생각을 말로, 그리고 글로 표현할 수 있다는 것이다. 그런데 글은 아무나 쓸 수 없다. 먼저 아는 것이 있어야 하고, 그다음으로는 하고 싶은 말이 있어야 한다. 그리고 그 생각이 어느 정도 정리되어 있어야 한다. 머릿속에서 대강 정리가 된 생각은 글을 쓰면서 개념이 점차 확실해진다. 이러한 개념의 구체화 과정을 나는 강의를 하면서 종종 체험할 때가 많다. 예컨대 최근 들어 관심이 생긴 분야를 강의 도중 가볍게 설명할 때가 있다. 처음엔 나도 긴가민가하는데 자꾸 이야기를 하면서 점점 개념이 명확해지는 것을 느낀다. 그러면 어느 순간 그것에 대해 글을 쓸 수 있게 된다. 개념이 확실하지 않아도 말은 할 수 있다. 그런데 개념이 불명확하면 글은 쓸 수 없다.

발전의 세 번째 단계는 '볼 견見'이다. '의견'의 견 자다. 난 자기 의견이 있는 사람을 좋아한다. 반대로 자기 의견이 없는 사람을 보면 당황스럽다. 자기 의견 없이, 아무런 생각도, 아무런 의문도 없이 세상을 산다면 어떤 결과가 일어날까? 다른 사람의 생각을 무턱대고 좇게 되지 않을까? 어디서 한 가지 배우면 그게 세상의 절대적 진리인 것처럼 추종하고, 다른 의견을 가진 사람은 배척하지 않을까?

그런데 의견은 그냥 생기지 않는다. 배움의 결과로 얻어진다. 식견識見이란 단어가 그걸 말해준다. 지식이 있어야 견해가 생긴다는 말이다. 지식이 없는 의견은 자기만의 의견일 가능성이 높다. 우리 사회가 냄비처럼 끓었다 식었다를 반복하는 가장 큰 이유는 지식과 식견의 부족 때문이다. 그래서 별 이야기 아닌 것에도 쉽게 흔들리는 것이다. 사람은 자기 의견이 있어야 한다.

발전의 마지막 단계는 '풀 해解'다. 문제를 푼다는 의미다. 우리는 왜 배울까? 뭐하러 힘든 공부를 해서 대학까지 가는가? 대학을 나온 후에는 왜 계속 공부를 해야 할까? 내가 생각하는 배움의 가장 큰 성과는 문제 해결 능력의 향상이다. 공부를 하면 복잡한 문제 앞에서도 당황하지 않고 차분하게 문제를 풀 수 있는 능력이 생긴다. 능력이 있고 뛰어나다는 것은 결국 문제 해결을 잘한다는 것이다.

사람은 살면서 누구나 다양한 종류의 문제에 직면한다. 그런데 지식이 늘어날수록 다양한 종류의 문제 해결 도구를 갖게 된다. 많은 경우의 수를 알고 해법까지 알게 된다. 문제 앞에서도 당황하거나 불안해하지 않게 된다. 반면 공부하지 않은 사람은 한두 가지 도구만을 갖게 된다. 당연히 문제를 맞닥뜨릴까 봐 불안해하고 두려워한다. 별거 아닌 문제에도 걸려 넘어지고, 말도 안 되는 사기를 당하기도 한다. 사리분별력이 약해지는 것이다.

조지 오웰의 소설《1984》를 보면, 그 세계 안에서는 해서는 안 되는 일들이 있다. 생각하면 안 되고, 일기를 쓰면 안 되고, 표현하면 안 된다. 무엇보다 언어의 제한이 많다. 왜 그럴까? 표현을 금지하면 사람들을 쉽게 바보로 만들 수 있다. 바보들은 다스리기 쉽다. 이것의 역逆이 바로 지혜로 가는 길이다. 지식견해, 즉 아는 것을 말로 표현하고, 글로 써보고, 그런 과정에서 나름의 의견이 생기고, 해법이 다양해지는 것이다. 시작은 말과 글이다. 표현이다. 여러분 생각은 어떤가?

질문하는 법을 잊어버린 사람들

2010년 서울에서 열린 G20 정상회담 폐막식에서 오바마 대통령은 개최국인 한국 기자들에게만 특별히 질문할 시간을 주었다. 하지만 아무도 질문하지 않았다. 이 기회를 살려 중국 기자가 아시아를 대신해 질문하겠다고 했지만 오바마는 한국 기자에게만 기회를 주고 싶다고 했다. 그래도 아무도 질문하지 않았다. 참 낯 뜨거운 장면이었다. 가장 똑똑하다고 자타가 공인하는 기자들에게 무슨 일이 일어난 걸까? 질문이 정말 없었던 걸까? 질문은 있지만 분위기 때문에 하지 않았던 것일까? 아니면 영어를 못해서 그런 것일까? 혹자는 한국 사람들은 질문이 없다고 하는데 반드시 그런 것 같지는 않다. 때에 따라서는 질문을 너무 많이 하기도 한다. 최순실 사건 같은 것이 터지면 기자들이 몰려가 앞다퉈 질문을 던진다. 확실한 건 한국 사람들은 질문을 잘 하지 않는다는 것이다.

우리 못지않게 질문을 못하는 나라가 일본이다. 일본이 10년 이상 침체의 늪에서 벗어나지 못하는 이유는 일본 국민들이 질문하는 방법을 잃어버렸기 때문이란다. 세계적인 경영 컨설턴트인 오마에 겐이치의 주장이다.

이런 현상은 최고경영자 과정에서도 마찬가지다. 나는 5년 이상 최고경영자 과정 주임교수를 했고, 지금도 모 경제신문이 주최하는 과정에서 주임교수를 맡고 있다. 내가 하는 일은 두 가지다. 강사를 소개하고, 강의가 끝난 후 질문을 통해 분위기를 만드는 것이다. 그중에서 강의 후의 질문 시간이 중요하다. 난 강의를 듣다 보면 자연스럽게 서너 가지 질문이 떠오른다. 어떻게 하다 이런 주제에 관심을 가지게 되었는지, 이게 실제 작동을 하는지, 성공과 실패 사례에는 어떤 것이 있는지……. 강의가 끝난 후 질문이 있는 사람을 물어보는데, 대부분은 아무도 먼저 말을 꺼내지 않는다. 할 수 없이 내가 질문을 던진다. 그러면 서서히 질문하는 분위기가 만들어지면서 몇 사람이 추가 질문을 한다. 난 태생적으로 질문이 많다. 그래서 질문하지 않는 사람을 보면 이해할 수가 없다. 왜 이들은 질문하지 않을까?

첫째, 너무 오랫동안 질문하지 않는 것이 습관이 되었기 때문이다. 용불용설이다. 쓰면 진화하고 쓰지 않으면 쇠퇴한다. 인간에게 꼬리뼈가 쓸 필요가 없어 사라졌듯이 질문을 하지 않으면 질문 근육이 쇠퇴한다. 당신의 어린 시절을 돌아보라. 어땠는가? 그때도 지금처럼 아무 질문이 없었는가? 멀뚱히 바라보고만 있었는가? 그렇지 않았을 것이다. 끊임없이 새로운 것, 낯선 것에 대해 질문을 던졌을 것이다. "이게 뭐야?" "이건 어떻게 하는 거야?" "저건 왜 그래?" 그러다가 어느 순간 우리들은 질문하기를 멈췄다. 질문을 멈추게 된 수많은 이유가 있었을 것이다. 그럼에도 불구하고 질문을 하지 않으면 결국 그 손해는 우리에게 온다. 질문 근육을 살려야 한다. 방법은 하나뿐이다. 궁금한 모든 것에 대해 자꾸 질문하는 것이다. "이게 뭐지요?" "왜 이렇지요?" "다른 방법은 없나요?"

둘째, 질문했다가 무식한 사람으로 오해를 받을까 두렵기 때문이다. 당연히 이런 생각을 할 수 있다. 나도 몇 번 물어볼까 말까 고민하다가 그냥 말았던 적이 있다. 그런데 그러고 나면 잔영이 계속 남아 나를 괴롭혔다. 그래서 요즘은 다른 사람이 어찌 생각하건 과감하게 질문한다. 때론 다른 사람들이 다 아는 걸 나만 모른다는 사실이 만천하에 공개되기도 한다. 그래도 괜찮다. 난 속으로 생각한다. '그래 나 모른다. 그래서 어쩔 건데? 모를 수도 있는 거 아니야?' 모르면서 물어보지 않은 사람보다는 몰라서 묻는 내가 더 나은 사람이 될 수 있다고 스스로를 위로한다. 틀려도, 오해를 받아도 자꾸 질문해야 한다. 그래야 실력이 는다.

셋째, 너무 모르기 때문이다. 질문도 뭘 알아야 할 수 있다. 생전 듣도 보도 못한 것에 대해서는 질문 자체를 할 수 없다. 최근 바이오시밀러biosimilar(바이오의약품의 복제약) 관련 세미나를 몇 개 들었다. 그런데 일단 용어 자체가 낯설었다. 화학반응식도 엄청 많았다. 거의 알아들을 수가 없었다. 화학에 관해서는 난 완전 까막눈이었다. 그래서 나는 우선 모르는 용어를 전부 적었다. 그리고 옆자리에 앉은 전문가들에게 물어보았다. 들어보면 대단히 어려운 건 아니었다. 약자를 써서 내가 몰랐을 뿐이다. 일단 언어를 익히고 나니 안개가 조금은 걷히는 것 같았다. 두어 번 더 들으면 질문을 할 수 있을 것도 같았다. 질문을 좋아하는 내가 그날은 전혀 질문하지 않았다. 아니 하지 못했다. 질문하지 못하는 가장 큰 이유는 모르기 때문이다. 질문도 뭘 알아야 할 수 있다.

넷째, 잘 안다고 착각하기 때문이다. 회사 임원회의에 가면 이런 현상이 자주 일어난다. 임원회의에는 나름 그 분야의 선수들이 모인다. 궁금할 것도 없고, 다들 스스로를 전문가라고 생각한다. 그러면 질문이 나오기 어렵다. 이를 해결하는 최선의 방법은 가끔 낯선 사람, 그 분야를 모르는 사람, 다른 분야의 전문가를 참석시켜 물을 흐려놓는 것이다. 그의 입에서 엉뚱한 질문, 한 번도 생각하지 않았던 질문이 나온다. "업의 본질이 뭔가요?" "이 업을 할 때의 핵심은 뭔가요?" "왜 이런 일을 해야 하죠?" 의외의 수확이 있을 수 있다. 아는 것과 안다고 착각하는 것은 다르다. 아는 것은 뭔지, 모르는 것은 뭔지, 안다는 것의 정의는 뭔지를 가끔 질문하는 것도 방법이다.

불치하문不恥下問(아랫사람에게 묻는 것을 부끄러워하지 마라), 질문과 관련해서 내가 가장 좋아하는 말이다. 난 이 말을 '수치불문羞恥不問(모르면서 묻지 않는 것을 부끄러워하라)'으로 바꾸고 싶다. 질문해야 한다. 우리는 질문을 통해 성장할 수 있다.

원하는 것을 질문하라

20년 가까이 기업 강의를 하고 있다. 대학에서도 10년 이상 강의를 했다. 성인을 대상으로 한 강의는 학교 강의와 달라야 한다. 성인은 자신의 생각이 뚜렷하기 때문에 일방적으로 해서는 안 된다. 그래서 난 스스로에게 늘 이런 질문을 던진다. 최고의 강의는 어떤 것일까? 내가 생각하는 최고의 강의란 듣는 이들에게 필요한 강의다. 그들에게 절실한 강의다. 정말 고민하고 있던 바로 그 부분을 건드려주는 강의다.

그런데 현실적으로 이런 강의를 하기는 쉽지 않다. 강의의 주제는 사전에 교육 담당자가 주로 정한다. 직원들의 니즈보다는 최고경영자의 생각이 반영된 경우가 많다. 커뮤니케이션 관련 강의가 대표적이다. 소통, 소통 하지만 소통의 문제는 대개 상사가 원인인 경우가 많다. 그런데 엉뚱하게 직원을 대상으로 소통의 중요성을 강의해달라고 하는 것이다. 그러면 직원들은 강의를 들으면서 '이 이야기는 우리가 아니라 사장님이 들어야 하는 건데 말야' 하고 생각한다. 당연히 강의는 겉돌게 되어 있다.

난 이들의 니즈를 알기 위해 강의 초반에 다양한 질문을 던진 뒤, 짧게라도 그것에 대해 직원들끼리 이야기할 시간을 준다. 요즘 직장 생활이 어떤지, 좋은 점과 힘든 점은 무엇인지, 어떤 부분이 해결되면 좀 더 행복해질 것 같은지, 가장 고민되거나 해결하고 싶은 부분은 무엇인지 등등……. 그리고 몇 사람을 앞으로 불러내 발표를 시킨다. 대단한 내용이 나오는 것은 아니지만 많은 정보를 얻을 수 있다. 그냥 일방적으로 강의를 하는 것과 청중으로 하여금 생각하게 하고 이 생각을 나누게 한 뒤의 강의 분위기는 많이 다르다. 일단 그들끼리 이야기하는 걸 보면 회사 상태를 조금 엿볼 수 있다. 만족도가 높은 회사는 참여도가 높다. 웃고 떠들면서 신나게 이야기한다. 반면 만족도가 떨어지는 회사는 이야기하는 시늉만 낸다. 온몸으로 싫다는 걸 표현하는 사람들도 제법 있다.

이들과 섞여서 대화를 하다 보면 이러이러한 이야기로 강의를 이끌어가면 좋겠다는 생각이 떠오른다. 나는 강의를 하러 갈 때, 대강의 큰 주제는 가지고 가지만 파워포인트 자료 같은 것은 준비하지 않는다. 내가 생각하는 이상적인 강의는 특정 주제를 갖고 하는 것이다. 예를 들어 커뮤니케이션 관련 강의를 한다고 하면 관련 책을 읽고 각자 궁금한 것, 고민되는 것, 더 알고 싶은 것을 미리 교육 담당자 혹은 내게 보내달라고 한다. 나는 사전 질문을 통해 그들의 니즈를 파악하고 거기에 맞춘 강의를 한다. 물론 강의 후에도 활발한 질의응답 시간을 갖는다.

이 같은 강의를 여러 회사에서 여러 차례 시도했다. 그런데 쉽지 않다. 무엇보다 사람들이 질문하지 않는다. 질문하지 않으니 강의에 불이 붙지 않는다. 왜 사람들은 질문하지 않을까? 부끄러워서, 낯을 가려서, 쪽 팔릴까 봐, 튀지 않으려고…… 여러 답변을 예상할 수 있겠지만 내 생각은 다르다. 그들이 질문하지 않는 이유는 그들이 원하는 게 뭔지 모르기 때문이다.

직장인들은 싫은 게 많다. 잔업도 싫고, 상사도 맘에 들지 않고, 비전도 없어 보인다. 회사 위치도 너무 멀다. 먹고살기 위해 회사는 다니지만 돈을 주는 것 외에는 별달리 회사에 애정을 느낄 이유가 없다. 한마디로 회사를 다니는 의미가 없는 것이다. 회사 일이 힘들다는 것은 회사 일에 의미를 부여할 수 없다는 것의 또 다른 표현이다.

싫어하는 것과 원하는 것은 많이 다르다. 싫어하는 것의 반대편에 원하는 것이 있는 건 아니다. 싫어하는 문제를 해결했다고 원하는 것이 충족되는 것도 아니다. 싫어하는 것은 싫어하는 것이고, 원하는 것은 원하는 것이다. 무엇보다 싫어하는 것으로는 변화할 수도 없고 원하는 것을 얻을 수도 없다. 변화는 내가 간절히 원하는 것으로부터 온다. 싫어하는 것이 아닌 좋아하는 것, 간절히 원하는 것에 초점을 맞춰야 한다. 쉬운 것 같지만 쉽지 않다.

질문할 줄 모른다는 건 자신이 무엇을 원하는지 모른다는 뜻이다. 여러분이 진정으로 원하는 것은 무엇인가? 지금의 생활이나 습관으로 여러분이 원하는 삶을 살 수 있다고 생각하는가? 진정으로 원하는 게 있으면 질문이 생긴다. 질문을 할 수 있으면 답을 얻을 수 있고, 답을 얻을 수 있으면 그런 삶을 살 수 있다. 질문이 중요한 이유다. 원하는 걸 확실히 해야 한다. 이를 위해서는 계속 질문을 던져야 한다. 그럼 그런 삶을 살 수 있다. 원하는 것도, 질문도 없다면 여러분은 계속 지금처럼 살아야 할지도 모른다. 질문이 중요한 이유다.

싫어하는 것과
원하는 것은 다르다.
싫어하는 것으로는 변화할 수도 없고
원하는 것을 얻을 수도 없다.

변화는 내가 간절히
원하는 것으로부터 온다.
싫어하는 것이 아닌 좋아하는 것.
간절히 원하는 것에
초점을 맞춰야 한다.

그래서 결론이 뭔가

태생적으로 길고 지루한 걸 견디지 못한다. 그래서 부하직원의 보고를 받을 때도, 강의를 들을 때도 먼저 몇 장의 자료를 준비했는지부터 본다. 15분 강의에 수십 장의 파워포인트 자료를 갖고 오는 사람을 보면 한숨부터 나온다. '언제 저걸 다 듣지? 15분 안에 저 얘길 다 할 수 있을까?' 하는 생각이 든다. 이런 경우 대부분은 주어진 시간의 두 배를 사용한다. 자료가 많은 게 문제가 아니라 생각이 정리되지 않았기 때문이다. 뭔가 말은 많지만 핵심이 빠져 있을 가능성이 높다.

대통령, 장관, 기업의 CEO 등 고위급 인사들의 공통점이 하나 있다. 무엇일까? 바로 시간이 대단히 부족한 사람들이라는 점이다. 그들은 하루 종일 각종 회의와 보고에 시달린다. 보고 때 그들이 가장 먼저 보는 것도 내용이나 제목이 아니다. 바로 파워포인트가 몇 장인지 본다. 짧은 시간 안에 그들을 움직이지 못하면 게임은 끝났다고 봐야 한다.

여러분은 누군가와 이야기를 할 때, 혹은 강의를 들을 때 속으로 무슨 질문을 가장 많이 하는가? 내 경우는 '도대체 무슨 소리를 하는 거야? 그래서 결론이 뭔데? 대체 뭘 하자는 거지? 하겠다는 거야 말겠다는 거야?' 같은 질문이다. 그렇게 되면 이미 커뮤니케이션은 실패다. 수주를 위한 프레젠테이션에서 고객이 이런 생각을 한다면, 보고를 받고 있는 상사가 속으로 이런 말풍선을 그리고 있다면 게임은 끝난 것이다.

누군가와 커뮤니케이션을 할 때 스스로에게 가장 많이 던져보아야 하는 질문이 있다. '내가 하고자 하는 것의 요점이 뭐지?', '한마디로 줄이면 뭐라고 말할 수 있을까?', '그래서 결론은 뭐지?' 같은 질문이다. 그게 명확해야 한다. 프로젝트를 달라는 것인지, 내가 힘들다는 걸 알아달라는 건지, 인원을 더 뽑아달라는 건지를 확실하게 해야 한다.

여러분이 생각하는 일 잘하는 사람의 정의는 어떤 것인가?

내가 생각하는 일 잘하는 사람은 자신의 머릿속이 잘 정리되어 있는 사람이다. 그럼 말이 간결하고 명확해진다. 무엇을 하겠다는 것인지, 그래서 필요한 게 뭔지, 도움을 요청하는 부분이 뭔지가 확실하다. 반대로 일 못하는 사람은 머릿속이 복잡하다. 정리되지 못한 생각들이 실타래처럼 엉켜 있다. 자기 자신도 뭘 모르는지, 뭘 하고 싶다는 것인지 확실하지 않다. 말하는 사람도 무슨 말을 하는지 모르고, 듣는 사람은 더더욱 그 사람이 무슨 말을 하는지 알아듣기 어렵다.

간결함의 중요성은 아무리 강조해도 지나치지 않다. 그런데 간결함은 어떻게 해야 얻을 수 있을까? 간결함은 전문성에서 나온다. 전체와 부분을 다 이해해야 한다. 시장도 이해하고 자신도 이해해야 한다. 그럼 통찰력이 생기고 할 말이 확실해진다. 간결하지 못한 이유는 본질을 파악하지 못했기 때문이다. 그럼 전체 내용을 일일이 전할 수밖에 없다. 듣는 사람이 전체를 듣고 알아서 본질을 파악하란 이야기다. 간결함이란 본질을 확실하게 파악한 후 얻을 수 있는 결과물이다.

간결하기 위해서는 요약하는 훈련이 필요하다. 줄이고 줄이고 또 줄여야 한다. 세 가지 프로세스를 밟으면 유리하다. 처음에는 머릿속에서 시뮬레이션을 하는 것이다. 어떤 내용을 이야기할 것인지, 서론과 본론은 뭔지, 오프닝은 어떻게 할 것인지,

결론은 어떻게 하고 싶은지를 생각한다. 다음은 말로 해보는 것이다. 혼자 거울을 보고 해도 좋고, 누군가 들어줄 사람이 있으면 더 좋다. 몇 번 말을 하다 보면 점차 생각이 정리되는 것을 느낄 수 있다. 뺄 건 빼고 더할 건 더하게 된다. 마지막은 그 내용을 글로 옮기는 것이다. 말을 글로 옮기다 보면 자신의 생각이 정말 완벽하게 정리되는 걸 느낄 수 있다.

간결함은 독서의 양과 비례한다. 책을 많이 읽으면 문해력이 높아지고 어휘력이 풍부해지면서 자기도 모르게 생각이 정리된다. 여러분은 책을 제대로 읽었다는 걸 어떻게 정의하는가? 내가 생각하는 제대로 된 독서는 '독서 후 그 책의 내용을 한 줄로 축약할 수 있는가?'다. 한 줄로 요약할 수 있으면 제대로 읽었다고 할 수 있다. 핵심이 뭔가? 결론이 뭔가? 내가 주장하는 바를 한 마디로 어떻게 표현할 수 있는가? 우리가 잊지 말아야 할 질문들이다.

손익의 양면성

중소기업을 운영하는 박 사장은 만든 물건의 90퍼센트를 해외에 수출한다. 미국, 독일, 일본 등에 지사를 갖고 있는데 모두 현지인이 지사장을 한다. 한국에서 파견된 직원은 생산을 위한 몇 명 외에는 없다. 이유는 간단하다. 현지인이 현지 사정을 훨씬 더 잘 알기 때문이다. 또 다른 문제는 비용이다. 한국 직원 한 명을 지사에 내보내는 비용이면 현지인 서넛은 쓸 수 있다는 것이다.

그런데 현지 사람을 어떻게 믿을 수 있는지 물어보자 이렇게 답했다. "그럼 한국인은 믿을 수 있나요? 어느 나라 사람이나 사기당할 확률은 비슷합니다. 그래서 전 독일과 미국에서는 몇 년씩 같이 일하면서 믿을 만한 사람인지 판단하는 시간을 가졌습니다. 전 일 년에 딱 두 번 해외에 나갑니다. 실적 점검이 아닙니다. 같이 밥 먹으면서 애로 사항이 뭔지, 내가 도와줄 건 없는지를 보기 위해섭니다. 그래서 지사 사람들은 제가 오는 걸 진심으로 기뻐합니다."

처음부터 그랬는지 물어보자 그렇지 않았다면서 이런 이야기를 해줬다.

"처음에는 한국인을 독일 지사장으로 썼습니다. 유학생 출신에 기술도 잘 알고 제법 성실한 사람이었습니다. 그런데 피해의식이 너무 큰 겁니다. 외국인을 차별한다, 지들끼리만 논다, 그들만의 이너서클에 들어갈 수 없다……. 매번 저한테 투덜대는데 일보다 그 사람 하소연 들어주는 데 더 많은 에너지를 쓰게 되는 겁니다. 그래서 할 수 없이 교체를 했지요. 그런데 참 이상해요. 저도 4년간 독일에 살았는데 단 한 번도 차별받는다는 생각을 한 적이 없었거든요. 그 사람은 늘 피해자의 시각으로 독일을 봤고, 결국은 그 시각을 바꾸지 못해 헤어지게 되었습니다."

미국에 사는 교민 중에 피해의식을 갖고 있는 사람이 제법 있다. 많은 사람들이 자신이 동양인이라서, 또 생김새가 다르다는 이유로 차별받는다고 생각한다. 아무리 노력을 해도 그들의 세계에 진입하는 것은 불가능하다고 생각한다. 과연 그럴까? 그들이 동양인이라 차별만 받는 것일까? 난 이들의 시각에 동의하지 않는다. 난 거꾸로 이들에게 "동양인이라서, 한국인이라서 오히려 이익을 보는 면은 없나요?" 하고 질문을 던지고 싶다.

아시아인 최초로 듀폰의 아시아태평양 회장까지 오른 김동수 회장이 대표적이다. 그에게 많은 사람들이 어떻게 아시아 사람으로서 그런 자리까지 올랐느냐는 질문을 했다. 그는 이렇게 답했다. "글쎄요. 일을 잘해서 인정을 받은 측면도 무시할 수는 없겠지만, 제가 한국인이고 동양인이란 게 유리하게 작용하지 않았을까요?"

난 이 이야기를 듣고 정신이 번쩍 들었다. 보통 외국에 거주하는 사람들은 한국인이라 손해 보는 부분이 있다고 생각한다. 매사 이런 피해자의 시선으로 세상을 본다. 그런데 그는 오히려 한국인이기 때문에 이익을 볼 수 있었다고 생각한 것이다. 새로운 시각이다. 당연히 그럴 것 같다. 글로벌 기업이 한국에 진출하려 한다면 어떤 사람을 지사장으로 추천하겠는가? 당연히 한국어를 하는 한국인에게 줄 것이다.

난 공대를 나와 연구소에서 일하다가 마흔이 넘은 나이에 컨설팅 회사에서 근무한 적이 있다. 그때 경영학을 전혀 모르는 내가 이런 종류의 일을 할 수 있을까 하는 생각을 자주 했다. 언어도 낯설고 자료 만드는 것도 익숙하지 않아 스스로의 효용성에 대해 의심을 하고 있었다. 그런데 몇 달을 근무하면서 보니 그게 아니었다. 공대를 나왔기 때문에 그들이 보지 못하는 것이 내 눈에는 보였고, 그게 프로젝트를 수행할 때 결정적인 도움이 된다는 사실을 알게 되었다.

여러분은 어떤 피해의식을 갖고 있는가? 어떤 일 때문에 손해를 본다고 생각하는가? 혹시 그것 때문에 이익을 보는 면은 없다고 생각하는가? 세상만사는 늘 양면성을 갖고 있다. 얻는 게 있으면 잃는 게 있고, 잃는 게 있으면 얻는 게 있는 법이다. 그렇기 때문에 뭔가를 얻었을 때는 '이걸로 인해 잃을 수 있는 것은 없을까?'란 질문을 던지면 좋다. 반대로 뭔가 손해를 본다고 생각될 때는 '이것 때문에 얻는 건 뭐가 있을까?'라고 질문을 던져야 한다. 그럼 시각을 바꿀 수 있다.

리더의 눈으로 보고 질문하라

대기업에서 감사 관련 일을 오래 한 사람에게 들은 이야기다. 그가 하는 일은 보통 한 달 정도의 시간을 갖고 계열사가 제대로 경영하는지를 조사해 이를 회장에게 보고하는 것이다. 문제점을 발견해서 대안을 마련하도록 하는 것이 주업이다. 그런데 첫 일주일은 안개 속을 헤매는 것 같다고 한다. 보고는 받지만 무슨 말을 하는지 이해할 수 없기 때문이다. 전혀 질문할 수 없다. 2주째가 되면 조금씩 안개가 걷히면서 이 회사가 어떤 회사인지, 무엇을 잘하고 못하는지 감을 잡기 시작한다.

본격적인 감사는 3주째부터다. 이때부터 제대로 된 질문을 한다. 왜 그런 대규모 투자를 했는지, 이런 리스크를 예측하지 못했는지, 의사결정 과정이 어땠는지, 왜 그런 업체를 선정했는지, 과정은 투명했는지 등 온갖 것을 다 묻는다. 직원들은 다들 그 방면에는 선수들이지만 본질적인 질문을 던지면 헤매기 시작한다. 이 사업의 본질을 어떻게 생각하는지, 지금 하는 일이 업의 본질과 관련한 것인지, 지금 나타나고 있는 문제의 핵심이 뭔지, 그래서 앞으로 어떻게 변해야 하는지 등을 묻기 시작하면 그들의 수준이 드러난다는 것이다.

특히 업의 본질을 묻는 질문에는 90퍼센트 이상이 답을 하지 못한다고 한다. 엉뚱한 소리를 하거나, 질문과는 관련 없는 답변을 하거나, 질문을 회피한다. 이들은 일상적인 업무에는 익숙하지만 그런 식의 질문은 해본 적도, 생각한 적도, 받은 적도 없기 때문이다. 간혹 제대로 답을 하는 사람이 있는데 이런 사람이 나중에 사장까지 올라간다는 것이다. 그 사람 역시 감사 일을 하다 사장 자리까지 올랐는데 자신의 출세 비결을 이렇게 말한다.

"감사 업무란 회장의 눈으로 회사를 보는 겁니다. 짧은 시간 안에 핵심이 뭔지를 파악해 문제점과 대안을 도출합니다. 당연히 정신을 똑바로 차리고 날카로운 질문을 해야 합니다. 그런데 제가 일정 수준이 되지 않으면 절대 질문을 할 수 없습니다.

제 앞에 선 백전노장들을 상대하는 일은 쉽지 않지요. 짧은 시간 내에 다양한 업무를 알게 됩니다. 효과적으로 공부하는 훈련이 됩니다. 업의 본질도 알게 됩니다. 일하는 방식도 익힙니다. 무엇보다 남과는 다른 질문을 할 수 있는 능력이 생깁니다. 질문이 제 업의 본질입니다.”

알아야 질문을 한다. 알아야 제대로 질문할 수 있다. 그런데 안다는 것이 뭘까? 안다는 것과 익숙한 것을 구분해야 한다. 사람들은 익숙한 것, 오래 일한 것, 많이 주워들은 걸 안다고 착각한다. 그 동네에 오래 산다고 그 동네 전문가가 되는 건 아니다. 내가 생각하는 아는 것이란 전문성을 넘어 통찰력의 단계까지 진화한 것을 뜻한다. 업의 본질은 물론 자신이 속한 사회 전반에 대한 폭넓은 이해가 있어야 한다. 자기 분야만 잘 아는 것이 아니라 세상을 보는 관점, 역사적 지식, 인간에 대한 깊은 이해를 갖춘 것을 뜻한다.

업의 본질을 아는 것이 그중 핵심이다. 본질을 안다는 건 핵심을 이해하는 것이다. 가장 중요한 일과 그렇지 않은 일을 구분하는 것이다. 지금 해야 할 일과 나중에 해야 할 일, 안에서 할 일과 밖에서 해도 좋은 일, 내가 해야 할 일과 남이 해도 좋은 일을 식별하는 것이다. 핵심을 이해하면 익숙한 걸 낯선 시각으로 볼 수 있고, 남들이 당연하게 생각하는 일에 이슈를 제기할 수도 있다. 무엇보다 미래의 자기 모습과 현재의 자기 모습을 객관적으로 볼 수 있어야 한다. 그래야 능동적으로 변화에 대처할 수 있다. 그 과정에서 가장 중요한 것은 생각하고 의문을 품고 질문하는 능력이다.

최근 블록체인 기술에 관한 강의를 들었다. 블록체인 기술을 한마디로 정의하면 '신뢰를 만드는 기술'이라고 할 수 있다. 예전에는 신뢰를 가진 큰 기관이 개인을 대신해 일을 했다. 돈을 보관해주고, 인증을 해주고, 보증을 서주고……. 은행이 대표적이다. 은행에 돈을 맡기는 이유는 그곳이 가장 믿을 만한 곳이기 때문이다. 그런데 신뢰를 만들어주는 이 기술이 보편화되면 지금과는 전혀 다른 세상이 열릴 것이란 내용이다.

나는 이 강의를 듣고 충격을 받았다. 동시에 이 기술이 기존 사업을 어떻게 변화시킬 것인가, 이 기술로 사라지는 업과 새롭게 생기는 업에는 어떤 것이 있을까 하는 질문이 꼬리에 꼬리를 물고 생겨났다. 이후 금융업에 종사하는 몇몇 지인들에게 관련 질문을 했더니 제대로 이해하는 사람이 별로 없었다. 들어보긴 했지만 이 기술이 정확히 뭔지를 잘 몰랐다. 자기 조직의 미래에 대해 걱정은 하고 있지만 제대로 된 고민은 하지 않는다는 생각이 들었다.

공부해야 질문할 수 있다. 새로운 기술에 대해 정확히 이해

본질을 안다는 건
핵심을 이해하는 것이다.

지금 할 일과 나중에 할 일,
내가 할 일과 남이 해도
좋은 일을 식별하는 것이다.
무엇보다 미래의 자기 모습과
현재의 자기 모습을 객관적으로
볼 수 있어야 한다.

그 과정에서 가장 중요한 것은
바로 의문을 품고
질문하는 능력이다.

하면 계속해서 질문이 나오고, 질문을 바탕으로 건강한 고민을 할 수 있다. 또 거기에 맞는 준비를 할 수 있다. 반대로 이런 공부를 하지 않으면 걱정만 할 뿐 제대로 된 질문도 고민도 할 수 없다. 그러다 어느 날 갑자기 자기 사업이 무너지는 광경을 볼 것이다. 질문이 중요한 건 누구나 안다. 그러나 제대로 된 질문을 하기 위해서는 많은 공부를 해야 한다.

왜 최선을 다하지 않았는가

지미 카터가 대통령이 되기 전, 그는 해군사관학교를 우수한 성적으로 졸업하고 해군장교로 복무하고 있었다. 그때 원자력 잠수함 요원 선발을 위한 면접이 있었다. 당시 지미 카터 대위의 면접관은 미국 역사상 가장 오랜 기간 제독 생활을 한 레코버 대령이었다. 그가 카터에게 던진 첫 질문은 "귀관은 해사생도 시절을 성공적으로 보냈는가?"였다. 지미 카터는 우수한 성적으로 졸업한 사실을 떠올리면서 "그렇습니다" 하고 자신 있게 대답했다. 다음 질문은 "그러면 최선을 다했다고 생각하는가?"였다. 그 질문에도 "그렇습니다"라고 답하긴 했지만 약간의 의구심이 생겨 잠시 후 머뭇거리며 최선을 다한 것은 아니라고 말을 바꾸었다. 그랬더니 레코버 대령이 엄숙히 되물었다. "왜 최선을 다하지 않았는가?" 지미 카터는 그 물음에 별달리 할 말이 없었고 면접은 그렇게 끝났다. 이후 카터는 잠수함 요원으로 선발되었고, 훗날 미국 대통령까지 역임하게 되었다. 그런데 레코버 대령의 그 질문 "왜 최선을 다하지 않았는가?"라는 말이 계속 머릿속을 떠다녔고, 결국 평생 그의 인생관으로 자리를 잡았다.

이토 모토시게는《도쿄대 교수가 제자들에게 주는 쓴소리》란 책에서 최선의 중요성을 다음과 같이 이야기하고 있다. 연구자의 인생은 3단 로켓이다. 살아가면서 몇 번은 낡은 로켓을 떼어내고 새로운 로켓을 점화해야 한다. 그렇게 해야 평생 생산성을 유지할 수 있다. 낡은 로켓을 떼어내려면 그 안의 연료를 남김없이 연소해야 한다. 젊은 시절 목표한 바를 이루지 않고 그 로켓을 떼어내선 안 된다. 내 경우, 우선 연구자로 인정받기 위해 유명 학술지에 논문을 다섯 편 이상 발표했다. 스스로에게 늘 이런 질문을 던졌다. 스스로 만족할 만큼 공부하고 있는가? 내 로켓의 연료를 얼마나 연소시키고 있는가? 제대로 태우지 못한 채 뜨뜻미지근한 채로 1단 로켓을 떼어내려고 하는 것은 아닌가?

자신과의 대면만큼 무서운 건 없다. 세상은 속일 수 있지만 자신은 결코 속일 수 없다. 매너리즘을 극복하는 확실한 방법은 미련을 남기지 않는 것이다. 독하게 그 일을 하는 것이다. 해볼 만큼 해보면 결과가 어찌됐건 미련 없이 그 일을 털 수 있다. 그렇게 되면 하나를 선택할 수밖에 없는 필연적 상황이 온다. 필연 앞에선 불안도 사라진다.

난 이토 모토시게의 질문에 움찔했다. 난 엔지니어로서는 최선을 다하지 않았다. 그저 남들이 하는 일을 흉내 내는 수준이었다. 직업을 바꾼 지금은 예전보다는 열심히 산다. 하지만 최선을 다하고 있는가란 질문에는 자신 있게 대답하기 어렵다. 있는 연료도 제대로 태우지 않으면서 떼어낼 생각을 하고 있었는지도 모른다. 여러분은 어떤가? 이 질문에 그렇다고 자신 있게 답할 수 있는가?

생각하지 않으면 질문할 수 없다. 반대로 질문하지 않으면 생각할 수 없다. 사람은 질문을 받는 순간 생각하게 된다. 그런 면에서 질문은 날카로운 송곳과 같다. 잠자고 있던 내 영혼을 흔들어 깨운다. 가장 소중하지만 잘 던지지 않는 질문이 있다. '지금 행복한가? 지금의 삶에 만족하는가? 최선을 다하고 있는가?'란 질문이 그것이다.

질문을 좀 좁혀보자. 앞으로 살 날이 3년밖에 안 남았다면 어떻게 살고 싶은가? 어떤 대답이 나올까? 직장을 그만두겠다,

살날이 일 년밖에 남지 않아도
지금처럼 살고 싶은가?

그렇다면 당신은 잘 살고 있는 것이다.

그러나 지금처럼 살다가 죽으면
정말 억울할 것 같은가?

그렇다면 뭔가 아쉬움이 있는 삶이다.

지금이라도 하고 싶은 일을 하면서 살겠다, 여행을 떠나겠다, 사랑하는 사람과 좀 더 많은 시간을 보내고 싶다 등 다양한 답변을 예상할 수 있다. 그럼 이제 다음 질문을 던져보자. 그런데 왜 지금 당장 그렇게 하지 못하는가? 언제쯤 내가 원하는 삶을 살 수 있을까? 언제쯤 행복해질 수 있을까?

사람은 누구나 잘 살고 싶어 한다. 여한 없이, 미련 없이 멋지게 살다 죽고 싶어 한다. 실제 그렇게 살고 있는지를 알아보는 방법이 있다. "살날이 일 년밖에 남지 않아도 지금처럼 살고 싶다. 지금과 똑같이 살다가 죽고 싶다"는 말을 당당하게 할 수 있으면 잘 살고 있는 것이다. 반대로 지금처럼 살다가 죽으면 정말 억울할 것 같다고 생각하면 뭔가 아쉬움이 있는 삶이다. 여한이 있는 삶은 불완전연소이고, 완벽한 삶은 완전연소에 해당한다. 불완전연소는 연기가 많이 나고, 그을음과 냄새도 많이 난다. 완전연소는 그렇지 않다. 깨끗하다.

여러분은 어떤 삶을 원하는가? 난 완전연소가 되는 인생을 원한다. 여한 없이 살다 가고 싶다. 내가 좋아하는 일을 하면서 살다 깨끗하게 가고 싶다. 에너지를 모두 쓰고 죽고 싶다. 여러분은 어떤가?

평범한 성공보다
눈부신 실패가 낫다

순수한 영혼을 가진 중소기업 오너를 도와 컨설팅을 한 적이 있다. 기술 개발을 좋아해서 기술만으로 꽤 괜찮은 기업을 만들었는데 운영상 문제가 생긴 것이다. 그는 돈을 많이 벌었지만 개인적으로 거의 돈을 가져가지 않고 대부분 직원을 위해 투자했다. 월급도 많이 주고, 복지에도 많은 돈을 썼다. 그럼 직원들이 회사를 위해 더 열심히 일할 거란 믿음 때문이었다. 그런데 그의 기대는 어긋났다. 운영을 책임진 부사장이 팀장들과 짜고 쿠데타를 일으켰다. 어느 날 갑자기 팀장들이 퇴사를 해 경쟁사를 차렸고, 일부 직원들도 동요를 일으켰다. 그러다 보니 회사 분위기가 엉망이었다. 급기야 이런 소문이 고객에게까지 퍼져 그 회사는 그야말로 풍전등화의 위기에 처했다.

회사에 들어가 직원들 면담을 하고 현황을 파악해보니 문제는 의외로 간단했다. 회사에 맞지 않는 일부 직원들이 일은 하지 않으면서 회사 일에 사사건건 시비를 걸고 밑에 직원들도 이를 따라 하면서 회사가 이상한 방향으로 가고 있었다. 여기에는 잘못된 평가제도도 한몫했다. 열심히 일하는 사람보다는 뺀질뺀질한 사람들이 더 많은 월급을 받고 있었다. 평가제도를 바꾸고, 상태가 좋지 않은 사람은 퇴사를 시키거나 교육을 시키면서 몇 달 만에 안정을 되찾았다.

어느 날 점심을 하면서 사장에게 이 과정에서 무엇을 배웠는지 물었다. 답변은 간단했다. "제가 너무 세상 물정을 몰랐습니다. 순수하게 잘해주면 사람들은 다 저를 믿고 충성하면서 회사 일에 몰입할 것으로 생각했습니다. 그런데 좋은 의도가 반드시 좋은 결과로 연결되는 건 아니네요. 공평한 평가 기준, 이를 시행하는 엄격한 규율 같은 게 우선이란 생각입니다. 제가 사람이란 어떤 존재인지에 대한 공부가 부족했습니다. 무엇보다 제대로 된 사람을 뽑는 것이 중요하단 생각을 했습니다."

자동차 회사의 지존은 뭐니 뭐니 해도 토요타다. 미국을 가건 유럽을 가건 아프리카를 가건 언제 어디서나 볼 수 있는 건 바로 토요타 앰블럼을 단 차들이다. 그런데 이들은 어떻게 최고의 자동차 회사가 되었을까? 아무런 실패 없이 승승장구한 것일까? 그렇지 않다. 그들에게도 뼈아픈 과거가 있었다. 토요타는 1957년 8월 미국에 첫 진출을 했다. 1.5리터 엔진을 단 '크라운'이 미스 재팬의 호위를 받으며 진출한 것이다. 그런데 힘이 너무 약했다. 액셀을 아무리 밟아도 원하는 속도로 차가 가질 못했다. 포드의 한 간부는 크라운을 가리켜 고철덩어리라며 비아냥거렸다. 당연히 첫 진출은 큰 실패였다. 만약 토요타가 여기에 좌절해 해외 수출을 하지 않았다면 어땠을까?

실패는 누구나 한다. 실패를 하지 않는 가장 좋은 방법은 아무런 시도도 하지 않는 것이다. 중요한 건 실패에서 뭔가를 배우고 같은 실패를 반복하지 않는 것이다. 토요타는 첫 해외 진출 실패에서 무엇을 배웠을까? "국내에서 잘 팔리는 차가 반드시 해외에서 잘 팔리는 것은 아니다. 나라마다 환경이 다르고 니즈가 다르다. 해외 시장에서 잘 팔리기 위해서는 모든 차량을 현지 주행 조건에 맞도록 만들어야 한다." 이후 토요타는 절대로 국내용 모델을 있는 그대로 해외 시장에 판매하는 일은 하지 않았다.

실패는 가장 좋은 교재다. 그렇기 때문에 실패를 공유하고 학습해야 한다. "눈부신 실패에는 포상을 내립니다. 그러나 평범한 성공은 벌합니다." 호주의 사업가 필 다니엘스의 말이다. 우리는 실패를 통해 성장할 수 있다. 그렇기 때문에 실패를 두려워하기보다는 실패를 통해 배우도록 노력해야 한다. 실패를 할 경우 다음과 같은 질문을 던져야 한다. 왜 실패했는가? 가장 큰 원인은 무엇인가? 거기서 무엇을 배웠는가? 실패를 반복하지 않기 위해서는 무엇을 해야 하는가?

실패로부터 지혜를 얻기 위한 질문

- 가장 최근에 어떤 일에서 실패를 겪었는가?
- 그 일이 실패한 가장 큰 이유는 무엇이라고 생각하는가?
- 만약 실패하지 않았더라면 현재 어떤 상황이 되었을까?
- 실패했기 때문에 얻은 이점은 무엇이 있을까?
- 같은 실패를 경험한 다른 사람들은
  이를 어떻게 극복했을까?
- 지금까지의 인생에서 가장 큰 실패를 꼽아본다면?
- 그 실패로 당신의 인생이 어떻게 달라졌는가?
- 그 실패 이후 당신은 어떤 노력을 했는가?
- 실패를 겪으며 당신이 깨달은 교훈은 무엇인가?
- 실패를 겪고 있는 지인이 있다면
  어떤 조언을 해주고 싶은가?
- 인생은 실패와 성공의 연속이다. 다음번 실패를 대비해
  자기 자신에게 어떤 이야기를 해주고 싶은가?

Part. 4

리더를 위한 질문

질문으로
상대를 움직여라

여러분은 직원들에게 주로 어떤 질문을 던지는가? 그 질문이 사람들에게 영감을 불어넣는가? 질문을 통해 조직에 활기를 불어넣은 경험이 있는가?

1930년대 GM의 캐딜락 자동차가 위기에 직면했다. 차가 팔리지 않았기 때문이다. 새로 사업부장을 맡은 이는 임원들에게 여러 가지 질문을 던졌다. 그중 하나는 경쟁자에 관한 질문이었다. 우리의 경쟁자가 누구냐는 질문이었다. 직원들은 벤츠나 BMW 같은 경쟁 차종을 이야기했다. 그러나 그의 생각은 달랐다. "우리의 경쟁자는 다른 자동차 회사가 아닙니다. 우리의 경쟁자는 밍크코트와 다이아몬드입니다." 캐딜락의 본질을 사치품으로 정의한 것이다. 누구도 생각하지 못했던 새로운 시각이었다. 그러면서 전략이 바뀌었다. 예전에 중시했던 가속 성능과 연비 대신 어떻게 하면 더 고급스럽고 우아한 차를 만들 수 있을지를 고민했다. 이 사건 이후 GM의 캐딜락 부문이 살아났다. 리더의 질문 하나가 사업부를 살린 것이다.

미국 해군 전함 '벤폴드Benfold'를 이끈 마이클 에브라소프Michael Abrashoff도 질문으로 혁신을 이룬 사람이다. 전함 벤폴드는 군인들이 타기를 가장 꺼려 한 배였다. 배와 관련한 불만 사항도 너무 많았고, 그래서인지 사건사고도 끊이지 않았기 때문이다. 그는 부임하자마자 승무원 300명 전원과 15~20분가량 개인 면담 시간을 가졌고, 이 자리에서 세 가지 질문을 던졌다. "어떤 점이 만족스럽죠? 불만 사항은 무엇인가요? 권한이 주어지면 무엇을 어떻게 고치고 싶습니까?" 그는 설교를 하지 않았다. 대신 질문을 통해 사람들의 생각과 아이디어를 얻었다. 그리고 얼마 후 이 배는 모든 군인들이 가장 타고 싶어 하는 배로 변신했다. 리더가 되기 위해서는 효과적으로 질문하는 법부터 배워야 한다.

여러분은 회의 전 무엇을 준비하는가? 야단칠 사람을 생각하는가? 아니면 직원을 감동시킬 연설을 준비하는가? 대부분의 리더들은 수첩 가득 자신이 하고 싶은 말을 적는다. 회의 시간 내내 하고 싶은 말을 한다. 직원들은 그가 묻는 말에만 답을 할 뿐이다. 회의가 끝난 후 리더는 원하는 성과를 거두었을까? 난 그렇지 않을 거라고 생각한다. 그는 자신이 하고 싶은 말을 했을 뿐 원하는 것은 얻지 못할 가능성이 높다. 직원들은 그저 상사의 원하는 바를 들었을 뿐이다.

난 하고 싶은 말, 할 말을 하는 대신 질문을 준비할 것을 권한다. 내가 하고 싶은 말이 내가 아닌 직원들 입에서 나오게 하기 위해서는 어떤 질문을 할 것인지 고민하고 그 질문을 준비해야 한다. 결코 쉽지 않다. 말은 다듬어지지 않아도 할 수 있다. 당연히 감정적인 부분이 많아질 수 있다. 또 말을 많이 하면 실수의 가능성도 높아지고 전에 한 말과 모순될 수도 있다. 그럼 말에 호소력이 떨어진다.

질문은 다르다. 질문은 내 생각을 이야기하는 것이 아니다. 질문을 하기 위해서는 혼자만의 시간을 갖고 깊이 생각해야 한다. 그 과정에서 필요 없는 말, 하지 않아도 좋은 말은 다 걸러진다. 하고 싶은 말을 질문으로 바꾸기 위해서는 직원들 입장에서 생각해야만 한다. 이 과정이 특히 중요하다. 자기반성을 하게 되기 때문이다. 내가 제대로 전달한 것일까? 직원들은 충분히 훈련되었는가? 목표 달성을 위한 지원은 충분했을까? 전략 자체에 잘못이 있는 건 아닐까? 너무 촉박하게 구는 건 아닐까?

하고 싶은 말을 마음껏 떠드는 것은 쉬운 일이다. 하고 싶은 말을 질문으로 바꾸어 직원들 입에서 나오게 하는 것은 매우 어려운 일이다. 리더가 모든 답을 알 수는 없다. 리더는 질문을 통해 직원들의 머리를 움직일 수 있어야 한다. 당신이 하는 질문이 당신 조직의 수준이다. 당신은 요즘 어떤 질문을 주로 하는가?

군인들이 가장 타기 싫어했던
미 해군 전함 벤폴드.
함장으로 새로 부임한
마이클 에브라소프는 모든 대원들에게
세 가지를 물었다.
"어떤 점이 만족스러운가?"
"불만 사항이 무엇인가?"
"권한이 주어지면 무엇을 어떻게
고치고 싶은가?"

그는 연설 대신 질문을 택했다.
그리고 벤폴드는 이후 모든 군인들이
가장 타고 싶어 하는 배가 되었다.

리더의 질문은 어때야 하는가

세계적인 리더십 교육기관 CCL에서 119명의 성공한 글로벌 기업 사장들을 대상으로 설문조사를 했다. "성공하는 리더의 필수 덕목이 뭐라고 생각하십니까?" 무엇이 1위를 했을까? 방향 설정, 비전 전파, 전략적 사고방식, 변화하는 시대에 맞는 변화? 모두 아니다. 1위는 바로 '질문하는 능력'이었다. '질문하는 분위기를 만드는 리더'는 4위, '질문할 기회를 놓치지 않는 리더'는 6위에 올랐다. 이처럼 리더십은 바로 질문이라고 할 수 있다.

소유권이 한국인으로부터 외국인으로 넘어간 회사에서 근

무하는 매니저가 있다. 그는 늘 불평에 가득 차 못마땅한 얼굴로 일을 하곤 했다. 오랜만에 그를 만났는데 얼굴이 환하게 달라져 있다. 깜짝 놀라 무슨 좋은 일 있느냐고 물었더니 "얼굴이 좋아졌지요. 요즘 그런 이야기 자주 듣습니다"라고 답했다. 이유를 묻자 이렇게 이야기한다.

"글쎄요. 회사 다닐 맛이 난다는 것이 가장 달라진 점입니다. 사장님과 사이가 좋아졌거든요. 예전 사장님은 지시하고 통제하고 잔소리를 주로 했습니다. 그러다 보니 제 자신이 한심하게 생각됐습니다. 그런데 새로 온 사장님은 질문을 통해 일을 시킵니다. 희한하게 똑같이 일을 시키는데 느낌이 달라요. 일할 맛이 납니다."

좀 더 구체적으로 들려달라고 하자 이렇게 이야기했다.

"이런 식입니다. 한번은 사장님이 저를 부르더니 '김 부장은 이 분야에서 영업한 지 얼마나 됐나?' 하고 묻더군요. '20년쯤 됩니다'라고 답했지요. '그러면 이 분야 영업은 한국 최고겠구만' 하길래 얼떨결에 '그렇습니다'라고 답했습니다. 이어 계속 질문을 하더군요. '그렇다면 한국뿐 아니라 세계에서도 김 부장이 최고인가?' 왠지 그건 아닌 것 같길래 아니라고 했더니 그러면 세계에서 제일 잘하는 사람이 100점이라면 나는 몇 점쯤 되냐고 묻더군요. 별생각 없이 '70점쯤 됩니다'라고 답했습니다.

'그렇다면 내년 이맘때쯤은 몇 점까지 올릴 생각인가? 그를 위해 김 부장이 할 일은 무엇이라고 생각하는가?'라고 계속 질문을 던지더군요. 저는 비로소 생각하기 시작했고 그것을 제 목표로 삼아 일했습니다. 누가 억지로 시켜서 하는 일이 아니라 제 스스로 생각하고 실행을 하니 머리도 맑고 자부심도 생기더군요. 질문이 사람을 움직인다는 것을 알게 되었습니다."

위 사례를 보고 어떤 생각이 드는가? 리더는 질문하는 사람이다. 멋진 질문을 통해 직원들로 하여금 색다른 생각을 하게 하고, 새롭게 사물을 보는 눈을 기르도록 해야 한다. 일방적인 지시를 받고 일을 하면 책임감이 희박해진다. 그러나 질문을 받고 거기에 대한 생각을 하고 일을 하면 책임까지 공유하게 된다. 질문은 부하 육성을 위한 최고의 무기다.

그렇다면 어떤 질문을 해야 할까? 성과를 높이기 위한 질문부터 생각해보자. 성과가 나지 않는다는 건 어떤 의미일까? 우선 목표가 뚜렷하지 않은 경우가 있을 수 있다. 현재 수준을 생각하지 않고 과한 목표를 잡았을 수도 있다. 방법론이 잘못되었을 경우도 있다. 이 세 가지만 물어도 성과는 훨씬 나아질 수 있다.

첫째, 목표에 관한 질문이다. 이것이 가장 중요하다. 목표가 명확한지, 그 목표가 회사의 전체 목표와 한 방향 정렬이 되어 있는지, 목표에 대해 헌신하겠다는 마음을 갖고 있는지를 봐야 한다. 의외로 목표가 뚜렷하지 않은 사람이 많다. 무엇을 하겠다는 것인지 어슴푸레하다. 이런 경우는 추가 질문을 던져 그로 하여금 목표를 명확하게 해야 한다. 일종의 영점 조정, 화면 조정 시간이다. 확실한 부분은 무엇인지, 좀 더 확실하게 하고 싶은 부분은 어디인지, 목표를 정량적으로 표현할 수 있는지를 물어야 한다. 더불어 목표를 달성한다는 것이 본인에게 어떤 의미가 있는지도 물어야 한다. 많은 직원들이 목표는 할당된 것, 내게 무리한 것, 달성해봐야 회사만 좋지 내게는 별 의미가 없는 것이라고 생각하기 때문이다. 목표를 달성하는 것이 본인에게도 큰 의미가 있다는 것을 스스로 깨닫는 것이 가장 좋다. 목표 못지않게 중요한 것이 목표의 공유 과정이다.

둘째, 현재에 관한 질문이다. 목표를 알고 있다면, 그다음으로 현재 자신은 목표에 비추어 어느 정도 수준에 도달해 있는지를 물어야 한다. 목표는 100인데 현재의 나는 10 정도밖에 되지 않는다면 어떨까? 실현 가능성이 별로 없으니 당연히 힘이 나지 않을 것이다. 목표가 나를 움직이는 게 아니라 목표와 내가 따로 움직일 가능성이 높다. 이래서는 안 된다. 목표보다 더 중요한 것은 현재의 자신을 객관적으로 냉정하게 볼 수 있는 눈이다. 평생 글 한 번 안 써본 사람이 올해 말에 소설가로 데뷔하겠다는 것만큼이나 허무한 이야기가 된다. 리더십의 출발점이 주제 파악인

"김 부장, 이 분야에서 영업한 지
얼마나 됐나?"
"20년쯤 됩니다."
"그럼 이 분야에서는 한국 최고겠군.
그렇다면 세계에서도 최고일까?"
"그건 아닌 것 같습니다."
"세계 최고가 100점이라면
김부장은 몇 점쯤 된다고 생각하나?"
"한 70점쯤 됩니다."
"내년 이맘때쯤은 몇 점까지
올릴 생각인가? 그렇게 되려면
무엇을 해야 하지?"

만큼 현재 내 위치에 대해 철저하게 묻고 검증해야 한다. 스스로 어떤 사람이라고 생각하는지, 성과가 미흡하다면 그럴 만한 이유가 있는지, 어떤 조건이 충족되면 좋은 성과를 낼 수 있는지를 물어봐야 한다. 물론 관련된 질문을 여러 각도에서 던져야 한다. 본인이 생각하는 본인의 모습, 다른 사람들이 생각하는 본인의 모습, 자신의 특성, 장점과 단점 등에 대해서도 질문한다. 무엇보다 이 과정에서 가장 중요한 질문은 그 사람의 가치관, 그리고 기질과 특성이 무엇인지에 관한 것이다.

셋째, 목표와 현실 사이의 간극을 어떻게 줄일지를 물어야 한다. 이게 핵심이다. 그 목표를 달성하기 위해 어떤 전략을 갖고 있는지를 묻는 것이다. 핵심 중 하나는 균형 감각이다. 목표가 추상적이라면 그 안에 구체적인 세부 목표는 어떤 것이 있을지를 물어야 한다. 반대로 목표가 너무 세세한 것이라면 그것을 통한 큰 목표는 무엇일지를 물어야 한다. 장기적인 이야기만 하면 단기적인 부분도 물어야 한다. 개인적인 액션만 이야기하면 조직적으로 어떻게 움직일지도 물어야 한다. 큰 목표를 작게 나누는 것도 방법이고, 우선순위를 새롭게 매겨야 하는 경우도 있다. 이것저것 따지기보다 간단한 것부터 일단 실행해보는 것이 방법일 수 있다. 이를 질문으로 바꿔야 한다. 무엇보다 애로 사항은 없는지, 리더로서 도와줄 건 무엇인지를 물어야 한다. 정답은 없다.

전략에 대해 이 이야기 저 이야기 하다 보면 멋진 아이디어가 떠오를 것이다.

넷째, 가장 중요한 건 목표를 달성하는 것이 본인에게 어떤 의미가 있는지를 묻는 것이다. 직장인이 가장 많이 하는 불평 중 하나는 "회사에 비전이 없다"는 것이다. 나는 이 말을 들을 때마다 비전을 어떻게 회사가 줄 수 있을까란 의구심을 갖게 된다. 비전은 누가 주는 게 아니라 자신이 일 안에서 찾는 것이다. 이 비전을 줄 수 있는 가장 좋은 방법이 현재 자신이 목표로 하는 일이 자신에게 어떤 의미가 있는지를 물어보는 것이다. 지금의 이 일이 이력서에 한 줄 보탤 수 있는 일인지, 5년 후 이 일을 어떻게 평가할 것 같은지, 미래에 이 일을 긍정적으로 평가하기 위해서는 어떻게 일을 해야 할지를 물어보는 것이다. 처음에는 묻는 사람도 대답하는 사람도 답이 보이지 않을 것이다. 뜬구름 잡는 이야기만 할 수도 있다. 하지만 반복해서 하다 보면 추상적인 것에서 조금씩 구체적인 모습을 찾을 수 있을 것이다.

질문의
세 가지 전제조건

내가 아는 모 CEO는 화학 전문가다. 박사 학위는 물론 충분한 실무 경험까지 갖고 있다. 리더십도 있어 지금의 자리까지 올라왔다. 하지만 겸손해서 늘 모른다는 말을 입에 달고 산다. 자신이 아는 건 일부 분야에 국한되어 있다는 것이다. 최근 그룹에서 바이오 쪽 회사를 인수해 그에게 경영을 맡겼다는 이야기를 들었다. 우연히 만나 어찌된 영문인지 물어봤다. 그는 이렇게 답했다. "얼마 전 회장님이 '당신 이 분야 잘 알지?'라고 물어봤어요." 그는 그 분야를 모른다고 답했단다. 화학과 바이오는 전혀 다른 분야인데 회장님이 그 분야를 왜 자신에게 맡겼는지 이해가 되지 않는다고 한다. 그런데 나는 회장님의 의도를 조금은 이해할 수 있을 것 같았다. 정말로 안다는 건 무엇일까? 아는 것과 모르는 것을 구분할 수 있는 것, 자신이 무엇을 모르는지를 아는 것, 당연히 알아야 하는 것을 아는 것이 아닐까?

안다고 생각하면 질문하지 않는다. 모른다고 생각하고 모르는 게 있어야 질문하게 된다. 또 질문을 통해 사람은 발전한다. 그런데 어느 순간 사람들은 질문하길 멈춘다. 학위를 받고 그 동네에서 몇 년 일을 하면 궁금한 게 사라진다. 전문가 소리를 듣고 여기저기서 강의를 하게 되면 자신이 아는 게 전부인 양 폼을 잡고 질문하지 않는다. 자신은 질문할 사람이 아니라 다른 사람으로부터 질문을 받아야 할 위치라고 생각한다. 그 순간부터 후퇴하게 된다. 난 그 사람이 질문을 하는지 안 하는지, 어떤 유형의 질문을 자주 하는지를 유심히 관찰한다. 대부분의 사람들은 질문하지 않는다. 성인이 된 후 거의 질문하지 않는 사람도 많다. 그런 사람들은 모르는 게 없다. 당연히 모른다는 말을 하지 않는다.

질문에는 세 가지 전제조건이 있다. 첫째, 겸손이다. 내게 부족한 점이 있다는 사실을 인지해야 한다. 조직에서 위로 올라가는 사람은 대부분 똑똑한 사람들이다. 그런데 위로 더 올라가면 똑똑한 사람과 더 똑똑한 사람으로 구분할 수 있다. 정말 똑똑한 사람과 헛똑똑이로 나뉜다. 헛똑똑이는 말 그대로 본인은 똑똑하다고 생각하지만 남들은 동의하지 않는 사람이다. 그런 사람들은 모른다는 말을 절대 하지 않는다. 모르는 것이 없다고 생각할 수도 있고, 모르는 것이 있어도 티 내지 않으려 할 수도 있다. 그 자체가 자존심 상하는 행위라고 생각한다. 그런 상사 밑에서 일하는 직원들은 힘들다. 실제 너무 많이 알고, 모르는 게 없기 때문에 직원들이 할 일이 없다. 직원들은 그저 상사가 결정한 일을 실행하거나 시키는 일만 하면 된다. 굳이 자신들까지 나서서 고민할 필요가 없다. 하지만 정말 똑똑이는 다르다. 자신이 아는 것과 모르는 것을 확실히 안다. 아는 것은 안다고 이야기하고 모르는 것은 모른다고 솔직하게 이야기한다. 자신감이 있기 때문에 모르는 분야에 대해서 진심으로 질문을 던진다. 당연히 직원들은 신이 난다. 자신이 고민해 아이디어를 내고 상사는 들은 후에 품질 좋은 의사결정을 한다. 괜찮은 리더인지를 구분하는 최고의 방법 중 하나는 "전 잘 모르겠는데요"란 말을 자주 사용하는 것이다. 사태를 정확히 파악할 때까지 "모르겠다"고 말하기를 주저하지 않는 리더다.

둘째, 사람에 대한 존중이다. 질문은 질문 내용 못지않게 의도가 중요하다. 순수한 의도로 질문해야 제대로 된 답을 들을 수 있다. 질문하고 싶지 않은데 해야 한다니까 할 수 없이 하는 질문으로는 아무것도 할 수 없다. 그게 바로 상대방에 대한 존중심이다. 다른 사람을 우습게 보는 사람은 절대 질문하지 않는다. 질문해도 상대가 대번에 알아차린다. 다른 사람을 존중하는 마음이 있어야 질문할 수 있다. '저 사람이 나보다 많이 알 수 있다', '나보다 저 분야에서는 더 전문가다', '저 사람이 현장을 잘 알기 때문에 저 사람을 통해야만 상황 파악을 할 수 있다'고 생각해야 질문할 수 있다. 존중의 마음은 상대에게 그대로 전달된다. 그럼 상대도 진심으로 그의 질문에 답을 하게 된다.

마지막은 자기 훈련이다. 질문은 자기 훈련이 된 사람만이 할 수 있다. 자기 잘난 맛에 사는 사람, 다듬어지지 않은 사람은 하기 어렵다. 현재 한국의 생산성을 가장 방해하는 건 지나치게 뚜렷한 위계질서다. '윗사람이 먼저지, 아랫사람인 내가 어떻게 먼저 답변을 해' 같은 사고방식이다. 네덜란드의 심리학자 헤이르트 호프스테더Geert Hofstede의 표현을 빌리자면 '권력 거리power distance'다. 한국은 윗사람과 아랫사람 간 거리가 가장 먼 문화를 갖고 있다. 아랫사람이 윗사람을 지나치게 어려워하고, 젊은 사람은 나이 든 사람에게 솔직한 이야기를 털어놓지 못한다. 정말 심각한 문제다. 이 문제를 해결해야 생산성을 높일 수 있다.

나이가 든다고 지혜로워지는 건 아니다. 반대로 나이가 어리다고 해법을 모르는 것도 아니다. 그런데 부하직원은 나이가 어리다는 이유로 입을 열지 않고, 나이 든 상사는 잘 모르면서 자꾸 해법을 제시하려 한다. 그럼 당연히 배가 이상한 방향으로 간다. 질문이 사라지는 대표적 이유다. 요즘 이런 문화를 없애고 수평적 문화를 만들기 위해 애쓰는 기업이 늘고 있다. 직급 대신 '님'이란 호칭으로 부르기도 한다. 그런데 호칭을 바꿨다고 수평적인 문화가 되는 건 아니다.

내가 생각하는 수평적 문화의 정의는 계급장 떼고 자신이 하고 싶은 이야기를 할 수 있는 분위기를 만드는 것이다. 이를 위해서는 윗사람들의 자기 훈련, 그중에서도 인내심이 필요하다. 하고 싶은 말이 있어도 참고 다른 사람에게 질문하고, 그들의 이야기를 들을 수 있어야 한다. 다른 사람을 인정할 수 있어야 한다. 인정認定의 '인認' 자는 '말씀 언言' 더하기 '참을 인忍'이라는 것을 기억하자. 하고 싶은 말도 참을 줄 알아야 한다.

생산성을 높이는
첫 번째 원칙

분기별로 실적 점검 워크숍을 하는 회사들이 많다. 목표 대비 실적을 점검한 뒤, 다음 분기 목표를 알리고 이를 실천하기 위한 전략을 이야기하는 것이다. 보통 1박 2일 워크숍 형태로 진행을 하는데, 나는 종종 그런 자리에 초대받아 특강을 하곤 한다. 이때 나는 그 회사 분위기도 익힐 겸 미리 가서 뒤에 앉아 그들이 하는 이야기를 들을 때가 많다. 대부분은 귀곡산장 분위기가 난다. 다들 잔뜩 굳은 얼굴로 숫자만 들여다본다. 거기에는 아무런 성취감도 기쁨도 없고, 긴장감과 극도의 스트레스만이 존재한다.

잔뜩 굳은 얼굴로 목표 달성을 하지 못한 이유를 대고, 다음 분기에는 좀 더 잘해보겠다고 말하지만 다음 분기 역시 목표 달성을 하지 못할 것 같은 예감이 든다. 사장이 있어 말은 못 하지만 그들이 목표를 달성할 수 없는 수많은 이유가 존재하는 듯하다. 목표 자체도 위에서 내려온 것이고, 전략 또한 자신이 고민한 것이 아닌 듯하다. 당연히 실행력이 떨어진다. 다만 이런 자리를 위해 몇 장의 자료를 만들어 목표 달성을 위해 열심히 일하는 것처럼 코스프레를 하는 것 같다.

여러분 조직은 어떤가? 자신의 조직은 그렇지 않다, 우리는 목표 달성을 위한 강한 의지를 갖고 있다, 다들 자기 일처럼 분골쇄신의 노력으로 일을 하고 있다고 자신 있게 말할 수 있는가? 보통 조직에서 가장 부족한 것은 무엇일까? 대부분의 조직에서 가장 부족한 것은 자발성이다. 수동적으로, 마지못해 일을 하는 경우가 많다. 내 일이 아닌 회사 일로만 생각하는 것이다. 만약 자발성을 키울 수 있다면 생산성은 엄청 올라갈 것이다.

그렇다면 자발성을 높이기 위해서는 무엇을 해야 할까? 비용을 들이지 않고 간단하게 높이는 방법은 없을까? 있다. 바로 목표 설정 과정에서, 혹은 문제 해결 과정에서 지시 대신 질문을 하는 것이다. 내 생각을 강요하는 대신 그들의 생각을 끄집어내는 것이다. 렌트한 차를 세차하는 사람은 없다. 내 차가 아니기 때문이다. 남이 만들어 내려준 목표를 받고 신이 나는가? 꼭 이 목표를 달성해 상사를 기쁘게 해주겠다는 생각이 드는가? 쉽지 않다. 똑같은 목표 설정도 일방적으로 내려주는 것과 본인이 고민하고 궁리하여 만든 목표는 완전히 다르다. 실행력에서 큰 차이를 보인다. 문제 해결도 그렇다. 상사가 이렇게 하면 문제가 해결된다고 알려주는 것과 본인이 생각해 해결 방법을 찾는 것은 실행력에 큰 차이가 있다.

부모나 교사 등 권한을 가진 사람은 습관적으로 강요를 하지만 그 결과는 지속적이지 못하다. 강요를 당한 후 생각이나 태도를 바꾸는 사람은 없다. 잔소리를 열심히 했더니 변하더라는 이야기를 들어본 적이 있는가? 누군가에게 강요를 하는 이유는 그것이 가장 쉽고 편하고 비용이 들지 않기 때문이다. 자기 감정을 발산해버리는 것일 뿐 다른 사람의 견해를 고려할 필요가 없다.

그러나 그 방법은 쉬운 만큼 효과가 없다. 강요를 당하는 사람은 생각할 필요가 없다. 십중팔구 귀담아듣지 않는다. 질문을 하기 위해서는 신중한 사고와 행동이 필요하다. 질문을 하면 자신의 생각을 늦추고 상대의 대답에 귀를 기울여야 한다. 그리고 상대방은 질문에 대답하기 위해 잠시 생각을 해야 하는데, 그것이 우리가 원하는 것이다. 상대방을 생각하게 만드는 것이 바로 설득인데 그것은 질문을 통해 가능하다.

지시받은 사람은 팔과 다리만을 사용한다. 질문을 받은 사람은 머리를 사용하기 시작한다. 서로 질문을 하면 상대의 관점과 자신의 관점을 분명히 알 수 있다. 또 새로운 아이디어와 통찰력을 얻을 수 있다. 의사결정의 품질을 높일 수 있다. 실행력을 높일 수 있다. 갈등을 최소화할 수 있다. 서로가 잘났다고 자기주장을 강하게 할 때는 팽팽한 긴장감이 야기된다. 의견 충돌이 있을 때는 일방적인 주장이나 지시 대신 질문하는 편이 유리하다. 질문을 함으로써 자기 의견을 잠시 접어두고 상대의 견해와 관심을 이해할 수 있다. 질문을 통해 자발성을 높이고 실행력을 높이면 생산성이 좋아진다. 출발은 그 사람의 생각을 묻는 것이다. 의사결정 과정에 그 사람을 참여시키는 것이다.

안전하다고 느껴질 때 대답은 흘러나온다

대기업 임원을 대상으로 그룹 코칭을 할 때의 일이다. 한 명이 아닌 서너 명을 대상으로 그룹 코칭을 하다 보면 인적 구성에 따라 분위기가 달라지는 걸 느낄 수 있다. 사람이 적을 때는 나름 오붓한 맛은 있지만 조금 썰렁한 기분이 들고, 사람이 너무 많으면 시간 부족으로 깊은 이야기를 못 나누는 결점이 있다. 그런데 임원들 중 특히 분위기를 잘 만드는 재능이 있는 한 분이 있었다. 그는 재미난 이야기도 잘하고, 새로운 뉴스도 갖고 오고, 무엇보다 내가 질문을 하면 가장 적극적으로 솔직하게 이야기를 꺼내 분위기 메이커 역할을 했다. 나는 내심 그분을 커뮤니케이션의 달인이라고 생각하고 있었다.

그러던 어느 날 돌아가면서 고민거리를 이야기하는데, 그분이 말하길 자신은 커뮤니케이션에 어려움을 겪고 있다는 것이었다. 다들 깜짝 놀라 무슨 말인지 물었다. 그는 이렇게 답했다. "월요일 아침마다 임원 회의를 하는데 분위기가 참 딱딱합니다. 너무 엄숙하고 경건해서 사장님 외에는 아무도 말을 꺼내지 않습니다. 발표를 하다가도 중간에 고압적인 질문을 받으면 머릿속이 하얘집니다. 무슨 말을 해야 할지 생각이 나지 않습니다. 그래서 전 컴퓨터 바탕화면에 제가 할 말을 미리 크게 적어갑니다. 그걸 거의 읽는 수준입니다." 여러분이 이 회사 임원이라면 회의 시간에 자유롭게 자신의 의견을 이야기할 수 있겠는가? 질문을 던질 수 있겠는가? 나라도 그런 분위기에서는 잠자코 있을 것 같다.

리더는 질문하는 사람이다. 질문을 통해 사람들의 아이디어와 지혜를 끄집어내는 사람이다. 하지만 중요한 전제조건이 하나 있다. 사람들은 질문에 쉽게 답하지 않는다는 것이다. 질문하라고 한다고 질문하지 않는다. 본능적으로 지금 질문하는 게 나은지 가만있는 게 나은지 안다. 질문할 수 있는 분위기에서는 마음의 문을 열고 자유롭게 질문을 하고 또 답을 한다. 질문을 잘

사람들은 좀처럼 질문하지 않으며,
질문에 답하지도 않으려 한다.
입 다무는 게 더 안전하다고 생각하는
순간 아무도 입을 열지 않는다.
자유로운 커뮤니케이션 분위기를
만들기 위해 가장 중요한 건
심리적 안전감이다.
마음 놓고, 누구의 눈치도 보지 않고
자기 의견을 낼 수 있어야 한다.

여러분 조직에는
심리적 안전감이 있는가?
회의를 할 때 편안하게 자기 이야기를
할 수 있는 분위기가 되어 있는가?

하는 것보다 훨씬 더 어렵고 중요한 것은 바로 질문할 수 있는 분위기를 만드는 것이다.

《1등의 습관》이란 책에 이와 관련한 이야기가 나온다. 구글의 '아리스토텔레스 프로젝트' 이야기다. 구글은 성과가 좋은 팀을 추려서 어떻게 그렇게 성과가 좋을 수 있었는지를 조사했다. 핵심은 바로 '팀워크teamwork'에 있었다. 팀워크는 글자 그대로 개인이 아닌 팀team이 일을 하는 것work이다. 구글의 조사에 따르면 개인기가 좋은 사람들이 성과를 내는 게 아니라 팀워크가 좋은 팀이 성과를 낸다는 것이다. 당연히 리더는 좋은 팀워크를 위해 노력해야 한다. 이 책에서는 이를 위한 다섯 가지 행동 규범을 소개한다. 첫째, 자신에게 주어진 일이 중요하다고 굳게 믿어야 한다. 둘째, 주어진 일이 자신에게도, 조직 전체에도 중요하다고 믿어야 한다. 셋째, 팀의 분명한 목표와 개인의 명확한 역할이 있어야 한다. 넷째, 팀원들이 서로를 신뢰해야 한다. 다섯째, 심리적 안전감을 갖고 있어야 한다는 것이다.

이 중 가장 중요한 건 심리적 안전감이다. 마음 놓고, 누구의 눈치도 보지 않고 자기 의견을 낼 수 있는 것이 심리적 안전감이다. 책에서는 이를 위해 필요한 조건도 서술하고 있다. 첫째, 직원이 말하는 도중 끊지 말아야 한다. 둘째, 직원이 한 말을 요약해서 다시 말해준다. 셋째, 모르는 것은 모른다고 흔쾌히 인정한다. 넷째, 참석자 전원에게 발언의 기회를 주어야 한다. 다섯째, 곤경에 빠진 팀원에게 좌절감을 털어놓도록 독려할 수 있어야 한다. 여섯째, 개인적인 비판을 중지하고 갈등은 공개적 토론을 통해 해소하게 해야 한다 등이 그것이다.

여러분 조직에는 심리적 안전감이 있는가? 회의를 할 때 편안하게 자기 이야기를 할 수 있는 분위기가 되어 있는가? 심리적 안전감을 보장할 수 있다면 사람들은 기꺼이 조직의 비전에 동참하면서 자기 의견을 낼 것이다. 내가 생각하는 심리적 안전감의 조건은 '상사가 진심으로 직원들을 사랑해야 한다'는 것이다. 나보다 직원들이 더 나으며, 내 덕분에 직원들이 사는 게 아니라 직원들 덕분에 내가 이만큼 잘살 수 있다는 생각을 해야 한다. 자신의 역할은 그들이 마음 놓고 일할 수 있는 분위기를 만들어주는 것이라고 생각해야 한다.

진심은 통한다. 그런 생각을 갖고 있으면 표정과 태도를 통해 그 마음이 직원들에게 전달된다. 직원들에게 늘 질문하고, 그들의 답변을 열심히 듣고, 잘 모르는 부분은 다시 물어보고, 그들 의견에 동의하면 이를 반영하고, 그들에게 고맙다고 인사하게 된다. 심리적 안전감은 하루아침에 생기지 않는다. 내 생각을 바꾸고, 행동을 바꾸고, 내가 변하고 있다는 걸 사람들이 인지하면서 조금씩 바뀐다.

업의 본질이 무엇인가

해운업을 하는 고위 임원을 코칭한 적이 있다. 무슨 이야기를 하다가 해운업의 본질이 무엇인지를 물어보자 그는 의외의 답을 했다. 금융업이란 것이다. 해운업의 본질이 금융업이라고? 전혀 예상치 못한 답변이었다. 어째서 해운업이 금융업이냐고 되물으니 그는 이렇게 답했다.

"해운업은 물건을 운송해서 돈을 벌지만 그 돈은 얼마 되지 않습니다. 쌀 때 배를 사서 비쌀 때 배를 팔아 그 차익으로 돈을 법니다. 그게 엄청납니다. 그리스의 선박왕 오나시스가 대표적이지요. 이를 위해서는 시장을 잘 읽어야 합니다. 배를 팔 시점과 살 시점을 잘 알아야 합니다. 발주 시점도 중요합니다. 호황이 예상되고 선박 수가 적다고 판단되면 배를 발주합니다. 얼마에 언제까지 배를 건조하기로 조선사와 계약을 하는데, 배 건조 중에도 배 값이 엄청 뛰는 경우가 있습니다. 발주 그 자체로 돈을 버는 것이지요. 물론 중간에 차액을 받고 팔기도 합니다. 반대로 배가 넘칠 것이 예상되면 배를 팔고 임대해서 쓰기도 합니다. 엄청난 비용이 들기 때문에 타이밍에 맞게 의사결정을 하는 것이 조선업의 성패를 좌우합니다."

삼성의 이병철 회장이 가장 많이 던진 질문은 업의 본질에 관한 것이었다. 도대체 우리가 하는 일의 본질이 뭐냐는 것이다. 그의 생각을 옮겨본다.

"기업은 업을 기획하는 것이다. 경영經營에서 '경經'이란 밧줄이나 끈으로 줄을 쳐놓는다는 말이고, '영營'이란 줄을 쳐놓은 둘레를 두루 쌓는다는 뜻이다. 즉, 경영이란 집을 짓거나 길을 닦을 때 미리 해놓는 측량 계획이다. 보험은 보험모집인이 좌지우지하며, 보험모집인이 전부인 업이다. 따라서 유능한 모집인을 채용하고 육성하는 것이 가장 중요하다. 백화점은 유통이고 서비스업이다. 호텔은 장치 산업이며 또한 부동산업의 성격까지 있다. 반도체는 시간과 싸우는 시간 산업이다. LCD 사업도 시간

산업이다. 시간과의 싸움을 어떻게 전개할 것인가에 달려 있다. 기회를 놓치면 엄청난 손실이 발생하고, 이를 만회하려면 엄청난 시간이 필요하다. 카드는 술장사와 같다. 술집에서는 매상보다는 얼마나 수금되느냐에 성패가 달려 있기 때문이다. 부실채권 회수와 연체율 최소화를 위해 채권 회수 시스템을 구축하는 것이 중요하다."

나는 이 중에서도 반도체와 디스플레이의 본질이 시간 산업이라는 말이 가장 가슴에 와닿았다. 오늘날 한국이 반도체와 디스플레이에서 강자가 된 이유는 바로 업의 본질을 제대로 보았기 때문이다. 두 산업 모두 엄청난 투자를 제때 할 수 있어야 한다. 타이밍을 놓치면 투자를 해도 회수할 수가 없다. 그런데 한국은 강력한 오너가 있어 그런 대규모 투자를 타이밍 맞게 할 수 있었다.

대만은 다르다. 한때 대만은 우리처럼 반도체와 디스플레이의 강자였지만 지금은 아니다. 이유를 알고 있는가? 대만은 우리와 달리 주주들의 수가 많다고 한다. 다시 말해 강력한 의사결정 권한을 가진 사람이 없는 것이다. 당연히 의사결정하기가 어렵고, 결정에 시간이 많이 걸린다. 그 결과 타이밍을 놓치고 경쟁력을 잃은 것이다. 생각할수록 이병철 회장의 탁월한 통찰력에 경탄하게 된다.

바쁘게 살다 보면
주객이 전도되기 쉽다.
본질을 잊고 부수적인 일에
시간을 쓰게 된다.
그렇기 때문에 주기적으로
본질에 대해 질문해야 한다.

내가 하는 일의 본질은 뭘까?
나는 본질에 맞는 일을 하고 있는가?
본질에 충실한가?

바쁘게 살다 보면 늘 주객이 전도되기 쉽다. 본질을 잊고 부수적인 일에 시간을 쓰게 된다. 그렇기 때문에 주기적으로 본질에 대해 질문해야 한다. 내가 하는 일의 본질은 뭘까, 내가 하는 업의 본질은 뭘까, 난 본질을 잊지 않고 본질에 맞는 일을 하고 있는가? 나도 꽤 다양하고 복잡한 일을 한다. 그래서 주기적으로 본질에 관한 질문을 던지는데 아직까지 난 내 일의 본질을 '글쓰기'로 정의하고 있다. 강의, 컨설팅, 방송, 책 소개 등 꽤 많은 일이 있지만 그중 핵심은 바로 글쓰기다. 그래서 매일같이 하루도 빠지지 않고 새벽에 몇 시간은 꼭 글을 쓴다. 여러분이 하는 업의 본질은 무엇인가? 여러분은 본질에 충실한가? 잊지 말아야 할 질문이다.

반성 없는 리더에겐 미래도 없다

운전을 하다 보면 종종 앞 차의 뒷유리창에 '아기가 타고 있어요'라고 쓰여 있는 것을 보게 된다. 차 안에 아기가 있으니 조심해달라고 다른 사람에게 부탁하는 것이다. 그런데 그런 차 중에서 운전을 험하게 하는 차들이 제법 있다. 차에 아기가 없을 때는 마구 운전을 할 수도 있다고 생각하는지 모르겠지만, 확실한 건 운전자 자신이 주제 파악을 못 하고 있다는 것이다. 남들보고는 조심하라고 하면서 정작 자신은 엉망으로 운전을 하는 것이다.

아모레퍼시픽은 지금 전성기를 구가하고 있다. 한류 바람과 더불어 그동안의 역량 축적으로 주가가 오르면서 세상 부러울 게 없는 듯 보인다. 하지만 아모레퍼시픽의 서경배 회장은 늘 임원들에게 다음과 같은 질문을 던진다고 한다. "여러분은 지금 우리 상태를 어떻게 보나요? 우리가 그렇게 대단한 역량을 갖고 있나요? 지금 이렇게 잘나가는 게 우리 실력 때문입니까, 아니면 외부적 요인 때문입니까?" 왜 그런 질문을 던질까? 그는 실력 때문이 아니라 외부 요인 때문에 잘나간다고 생각하는 것이다. '밀물 때는 죽은 고기도 떠오른다. 지금 우리 실적에는 거품이 있다. 만약 거품이 꺼지면 한방에 훅 갈 수 있다'는 위기의식이 있고, 이 사실을 임원들에게 알리고 싶은 것이다.

그가 가장 중시하는 것 중 하나는 자기반성 능력이다. 리더십은 자기반성이고, 자기를 제대로 돌아볼 수 없는 사람은 리더 자격이 없다고 생각한다. 자기반성은 중요하지만 쉽지 않다. 자기반성 능력이 있으면 지속해서 성장하고 발전할 수 있다. 그런데 대부분의 사람들은 어떤가? 조금 잘나가면 들뜨고 우쭐하게 된다. 자신을 대단한 사람으로 착각해 온갖 폼을 잡고 다닌다. 주변에는 아부하는 사람들이 늘어나고, 이들과 함께 많은 시간을 보내면서 진정한 자기 모습을 잊게 된다.

자기반성과 관련해 몇 단계로 사람을 구분할 수 있다. 최선은 잘나갈 때 자기를 돌아보는 것이다. 잘나갈수록 더욱 신중하고 겸손하게 행동하는 것이다. 이럴 수 있으면 그는 지속해서 성장할 수 있다. 다음은 뭔가 문제가 생겼을 때 자기를 돌아보는 것이다. 뭐가 문제일까, 어떻게 하면 이 문제를 해결할 수 있을까를 생각한다. 보통 사람들이다. 최악은 어려움에 빠져도 자기를 돌아보지 못하는 것이다. 자기를 돌아보는 대신 남 탓을 하고 환경 탓을 한다. 이를 공자는 곤이불학困而不學이라고 했다. 곤란을 겪고도 배우려 하지 않는 걸 뜻한다. 구제불능이다.

자기반성을 위해서는 혼자만의 시간이 필요하다. 명상을 하면서 냉정하게 자신을 돌아볼 수 있어야 한다. 자기 눈이 아닌 제3자의 눈으로 지금의 나를 볼 수 있어야 한다. 늘 지적 자극을 주고받는 환경을 만들어야 한다. 아부하는 사람 대신 쓴소리하는 사람을 주변에 둘 수 있어야 한다. 단물에 개미가 꼬이듯 잘나가는 사람 주변에는 뭔가를 얻으려는 개미 같은 인간들이 꼬이기 마련이다. 이를 잘 구분해 의도적으로 쓴소리하는 사람, 정확한 현실을 말해주는 사람을 두어야 한다. 무엇보다 스스로에게 제대로 된 질문을 해야 한다.

자기 반성을 위한 질문

- 열심히 노력했지만 제대로 성과가 나지 않은 일은 무엇인가? 그 이유는 무엇일까?
- 반대로 별다른 노력을 하지 않았는데 기대 밖의 성과를 올린 일은 무엇인가? 어떻게 그럴 수 있었다고 생각하는가?
- 지금 잘나가고 있다면(혹은 어려움을 겪고 있다면) 이런 기간이 얼마나 갈 것으로 예상하는가? 그 이유는?
- 내가 잘하고 있는 부분은 무엇이고, 개선을 필요로 하는 부분은 무엇인가?
- 나의 발전을 위해 해야 할 일들은 무엇이고, 그 우선순위는 어떻게 되는가?
- 목표 달성을 위해 내게 더 필요한 역량은 무엇인가?

면접의 질을 높이는
경영자의 질문

경영은 채용이다. 경영은 좋은 사람을 채용해 이들이 최고의 성과를 내게끔 하는 기술이다. 좋은 사람을 채용할 수 있다면 다른 것이 좀 부족해도 별일이 아니다. 반대로 사람을 잘못 뽑으면 그 자체로 재앙이다. 그들에게 아무리 잘해주고 동기부여를 해도 소용없다. 그들은 회사를 위해 일하지 않고 자신만을 위해 일할 것이고, 그들의 잘못을 고치는 데 많은 에너지를 쓸 것이다. 그만큼 채용이 중요하다.

채용이란 무엇일까? 채용의 핵심은 면접이다. 제대로 된 면접을 통해 제대로 된 사람을 뽑을 수 있다. 그런데 면접은 쉽지 않다. 열 길 물속은 알아도 한 길 사람 속은 모른다. 면접은 그런 한 길 사람 속을 파악하는 방법이다. 또 면접에 오는 사람들은 본래 모습보다는 나은 모습을 보이려 하고 면접관은 그 사람의 본래 모습을 보려고 한다. 늘 차이가 존재한다. 한쪽은 창이고 다른 쪽은 방패다.

그런데 둘 중 누가 승리할 확률이 높을까? 면접을 보러 오는 사람들이다. 특히 요즘같이 취직이 힘들 때는 더욱 그러하다. 이들은 절실하다. 회사에 들어오기 위해 이곳이 어떤 곳인지, 어떤 고민을 하는지, 면접관들이 주로 어떤 질문을 하는지 철저히 연구한다. 반면 면접관들은 어떤가? 거의 공부하지 않는다. 선수로 말하면 한쪽은 몇 달 전부터 몸을 만들고 컨디션을 조절한 상태이고, 다른 쪽은 시간에 맞춰 옷만 갈아입은 상태다. 게임이 되지 않는다. 그러니 잘못 뽑는 일이 허다하다. 그들의 외모와 현란한 말솜씨에 속아 뽑은 후 얼마 안 있어 후회를 한다. 잘못 뽑은 사람으로 인해 비용을 지불하고, 또 다시 사람을 뽑고, 악순환의 연속이다.

면접의 한자는 面接이다. '얼굴 면面'에 '접할 접接', 즉 얼굴을 마주하고 서로를 파악하는 것을 의미한다. 영어로는 인터뷰interview다. 말 그대로 '서로를inter 바라보는 것view'이다. 한 사람이 다른 사람을 일방적으로 보는 것이 아니라 서로가 서로를 보는 것이다. 일반적으로 면접이라 하면 서로를 파악하기 위해 직접 마주하고 이야기를 나누는 활동을 말하지만, 전화나 화상, 이메일 등을 통해 만나지 않고 이루어지는 면접도 있다. 즉, 넓게 보면 상대방을 제대로 알기 위한 모든 활동이 면접에 포함될 수 있다.

그렇다면 면접에서 가장 중요한 것은 무엇일까? 내가 생각하는 면접의 핵심은 바로 질문이다. 무슨 질문을 던지느냐에 따라 면접의 품질이 달라진다. 여러분은 중요한 사람을 뽑을 때 주로 어떤 질문을 던지는가? 혹은 구직을 위해 면접을 볼 때 회사로부터 어떤 질문을 받아보았는가? 질문 내용은 개인에 따라, 또 회사가 처한 상황에 따라 달라질 수밖에 없다. 따라서 면접 때 이러이러한 질문을 해야만 한다고 이야기하기는 어렵다. 다만 직무 역량에 대한 질문만큼이나 그 사람의 성품이나 가치관에 관한 질문은 꼭 하는 것이 좋다.

나는 직원 면접을 할 경우 이전 직장을 왜 그만두었는지를 반드시 묻는다. 그 사람이 어떤 직장을 다녔는지보다 그 직장을 왜 그만두었는지가 그 사람에 대해 더 많은 이야기를 들려줄 수 있기 때문이다. 가장 힘들었던 상황은 무엇이고 그 상황을 어떻게 극복했는지, 거기서 배운 건 뭔지도 질문한다. 극도로 어려운 상황을 잘 극복했다면 그 사람의 능력은 어느 정도 검증되었다고 봐도 좋다. 그리고 마지막 질문이 중요하다. "물어봐주었으면 싶었는데 내가 묻지 않은 것이 있으면 말해보라"는 질문을 꼭 던진다. 이 마지막 질문에 그 사람의 우선순위가 나오기 때문이다. 보수나 휴가 일수를 물어보는 사람은 그런 문제에 비중을 높이 두는 사람이다. "그 자리에 배치되면 무엇을 배울 수 있나요?"라고 묻는 사람은 자기계발에 관심이 높은 사람이다.

정답이 예상되는 질문, 책이나 인터넷에서 쉽게 얻을 수 있는 내용은 묻지 않는 것이 좋다. 시간 낭비다. 회사에 대해 얼마나 공부했는지는 반드시 점검해야 한다. 관심이 많을수록 공부를 많이 했을 것이기 때문이다. 또한 업무에 관한 구체적인 역량을 묻는 질문도 필수다. 예컨대 "어떤 회계 소프트웨어를 잘 다루는가?", "온라인 마케팅을 해본 경험이 있는가?", "어떤 방법으로 조립라인의 비효율성을 낮출 수 있겠는가?" 같은 식의 체계화된 면접은 면접관의 관심사를 구체적인 사항에 한정시키므로 비체계적인 면접보다 훨씬 효과가 크다.

최고의
동기부여 도구

신입사원 교육을 가면 사람들이 다들 살아 있다. 말도 많고 표정도 환하고, 질문도 잘하고 답도 잘한다. 사기충천 상태다. 취직이 어려운 때에 입사를 했다는 기쁨 때문이다. 회사 생활을 잘 해낼 수 있을까 걱정도 있지만 앞으로의 기대 때문에 다들 들떠 있다. 그런데 2~3년차 직원 교육을 가보면 분위기가 완전 다르다. 신입사원들에 비해 말수도 적고, 표정 변화도 별로 없고, 무엇을 물어봐도 잘 대답하지 않는다. 자신이 생각했던 회사와 실제 회사의 모습이 다르기 때문이다. 자신의 역할이 별로 없고, 별 영양가 없는 일들만 상사의 지시대로 할 수밖에 없다고 생각한다. 무기력한 상태에 빠진 경우도 많다. 계속 이런 식의 회사 생활을 할 것인지, 아니면 다른 길을 찾아야 할지 고민하는 친구들도 제법 있다. 흔하게 나타나는 현상이다. 이런 무기력의 가장 큰 원인이 뭐라고 생각하는가? 이를 없애기 위해서는 어떤 일을 해야 할 것인가? 많은 조직의 가장 큰 숙제라고 생각한다.

정답이 있을 수는 없지만, 무기력을 없애고 다시 이들을 살리는 최선의 방법은 뭘까? 먼저 무기력이란 무엇일까? 무기력은 자기가 할 일과 역할이 별로 없을 때 나타난다. 내가 할 수 있는 일은 그저 상사의 지시에 따라 손과 발을 움직이는 것뿐이라고 생각하는 것이다. 이 큰 조직에서 자신은 그저 작은 톱니바퀴에 불과하다는 생각이 들면 사람은 위축되기 마련이다. 만약 이들로 하여금 '그렇지 않다. 당신이 할 일이 많다. 당신이 모든 것을 기획하고 궁리하고 실행할 수 있다'는 느낌을 주면 문제는 해결될 수 있다. 이게 자율성의 확보다. 그렇다면 어떻게 자율성을 확보하고 직원들로 하여금 주인 정신을 갖게 할 수 있을까? 바로 직원들을 의사결정 과정에 참여시키는 것이다. 상사가 자기 마음대로 결정을 하고 이를 직원에게 통보하는 대신, 질문을 통해 그들의 생각을 묻는 것이다. 그럼 직원들을 구경꾼에서 참여자로 바꿀 수 있다.

"김 대리, 지금 회사가 어려움에
처해 있는데 근본 원인이 뭐라고
생각하나? 경영자라면 가장 먼저
뭘 해야 할까?"
질문은 돈을 들이지 않고 직원에게
동기부여를 시킬 수 있는
최선의 도구다.
의견을 청하는 질문을 받을 때
사람들은 기분이 좋아지고,
어떻게 할까 머리를
사용하기 시작한다.

회사가 예전처럼 돌아가지 않는다고 생각한 모 사장이 직원을 한 사람씩 사무실로 불렀다. 그리고 다음과 같은 질문을 던졌다. "김 대리, 지금 회사가 어려움에 처해 있는데 근본 원인이 뭐라고 생각합니까? 김 대리가 경영을 한다면 가장 먼저 할 일은 뭡니까? 내가 잘하는 것은 무엇이고 잘 못하는 일은 뭐라고 생각합니까?" 이런 질문을 받은 직원은 무슨 생각을 할까? '아니, 사장님이 일개 대리에게 이런 질문을 하다니, 내 의견까지 묻다니…….' 당황스럽긴 하지만 큰 자부심을 갖게 될 것이다.

질문은 돈을 들이지 않고 직원에게 동기부여를 시킬 수 있는 최선의 도구다. 상사가 "자네 생각은 어떤가? 자네가 내 위치에 있다면 무엇을 어떻게 할 생각인가?"라고 물으면 어떤 기분이겠는가? 존중받는다는 느낌, 필요한 존재라는 느낌이 들 것이다. 동시에 그런 상사를 실망시키지 말아야겠다는 생각도 들 것이다. 질책도 질문으로 바꾸면 효과를 발휘할 수 있다. 질책을 받고 '내가 정말 잘못했네. 다시는 그러지 말아야지'라고 반성하기는 쉽지 않다. 질책 대신 스스로에게 이런 질문을 던져보면 어떨까? '내가 목표를 정확히 전달했는가? 필요한 자원과 시간을 주었는가? 제대로 할 수 있도록 충분히 훈련시켰는가?' 그런 질문을 던지면 직원들을 함부로 야단치는 일은 줄어들 것이다.

최고의 리더십은 질문을 통해 이루어질 수 있다. 질문은 막힌 커뮤니케이션 통로를 뻥 뚫어주는 가장 유용한 기술이다. 질문을 받을 때 사람들은 기분이 좋아지고, 어떻게 할까 머리를 사용하기 시작한다. 질문을 주고받으면서 동기가 유발되고, 생각이 소통되면서 조직에 활기가 넘친다.

질문을 받을 때의 네 가지 원칙

강의가 직업이다 보니 누구보다 다양한 이슈에 대한 질문을 많이 받는다. 강의 관련한 질문도 있지만 사적인 일이나 나랑 전혀 상관없는 주제에 대해서도 질문을 받는다. 나는 질문을 받을 때 몇 가지 원칙을 갖고 있다.

첫째, 질문하는 사람은 다 의도가 있는 법이다. 그런데 의도를 겉으로 드러내지 않는다. 그럴 때는 의도를 묻는 것이 바람직하다. 면접을 할 때도 이런 일이 종종 일어난다. 오랫동안 신사업 관련해 전문가를 찾던 김 사장은 그 자리에 딱 맞는 사람을 드디어 찾았다. 면접도 순조롭게 진행되었다. 내심 이 사람을 뽑아야겠다고 생각하고 마지막으로 궁금한 것이 있으면 질문을 하라고 했다. 그런데 급여 이야기를 꺼내는 것이다. 보통 급여 관련한 질문은 궁금해도 잘 꺼내지 않는다. 특히 중요한 면접 자리에서는 더욱 그렇다. 여러분 같으면 이런 질문에 어떻게 답하겠는가?

김 사장은 이렇게 되물었다. "그런데 이런 자리에서 급여를 묻는 특별한 이유가 있나요?" 뭔가 사정이 있을 거라고 생각했기 때문이다. 그러자 피면접자는 자신이 처한 상황을 이야기했다. 부모가 보증을 잘못 서서 빚이 많다, 예전 회사를 그만둔 것도 퇴직금으로 빚의 일부나마 갚으려고 했다는 것이다. 김 사장은 거꾸로 이런 제안을 했다. "이야기를 들어보니 딱하네요. 그런 재정적인 문제가 있으면 일에 몰입하기 어렵겠어요. 이 회사에 취직해서 일정 기간 신뢰를 쌓은 후 회사에서 무이자로 융자를 해주는 건 어떨까요?" 결과는 승승이다. 회사는 좋은 사람을 얻었고, 그 사람 역시 빚 문제를 해결했다.

둘째, 모든 질문에 다 답을 할 필요는 없다. 그냥 습관적으로 질문하는 사람이 있다. 뭔가 궁금해서라기보다 자신을 드러내고 싶어 질문하는 사람이다. 이런 사람은 장황하게 자기 소개를 한다. 자기가 어떤 책을 읽었는데, 자기가 해외 어디 살면서 본 건데…… 하면서 시간을 잡아먹는다. 이런 질문을 받으면 나는 "그래서 질문하고자 하는 요지가 뭔데요?"라고 되묻는다. 많은 사람들 앞에서 언제까지 이런 이야기를 들을 수는 없기 때문이다. 이런 질문은 초점이 명확하지 않다. 무엇을 물어보고 싶은지 묻는 사람조차 확실하지 않다. 이런 식의 서두가 긴 질문 중 괜찮은 질문은 별로 없다.

셋째, 질문이 모호한 경우다. 이럴 때는 질문을 되물어 명확한 뜻을 파악한다. 주변에서 보면 자신이 무슨 말을 하고 있는지 스스로도 잘 모르는 채로 횡설수설 이어나가는 사람들이 꽤 있다. 표현력이 현저하게 떨어지는 것이다. 이런 사람들은 뭔가를 표현하고 싶은데 제대로 표현할 수 없어 스스로도 답답해한다. 듣는 나는 더 답답하다. 가끔은 그가 무슨 질문을 하려는지 감이 올 때가 있다. 그럴 때 난 거꾸로 "혹시 이러이러한 질문을 하려는 것 아닌가요?"라면서 되묻는다. 그러면 내가 되물은 질문이 맞다며 동의하는 경우가 많다. 이렇게 질문을 명확하게 하면 답도 쉬워진다.

넷째, 범위를 벗어나는 질문을 하는 경우다. 이때는 정중하게 답을 사양한다. 얼마 전에는 강의 주제와 아무 상관없는 한국 교육의 문제점과 대안에 대한 내 생각을 묻는 질문이 들어오기도 했다. 내가 답을 할 수 있는 분야도 아니고, 설혹 안다 해도 그 짧은 시간에 답변을 할 수 있는 상황도 아니었다. 난 그 질문은 내 수준을 넘어섰기 때문에 할 수 없다고 정중하게 거절했다.

모든 질문에 다 답을 할 수는 없다. 또 모든 질문에 다 답을 할 수 있을 만큼 현명한 사람은 없다. 때론 질문에 대한 가장 좋은 답은 또 다른 질문이다. 질문에는 질문으로 답하라.

제약을 주는 질문

전시 관련 사업체 대표를 만난 적이 있다. 나이가 적지 않은데도 탁월성 덕분에 아직까지 현역으로 활발하게 활동하고 있는 분이었다. 난 그에게 누구로부터 일을 배웠는지, 어떻게 현재 하고 있는 업에서 전문성을 쌓게 되었는지 물었다. 잠시 생각하던 그는 이렇게 답했다.

"전 무역협회에서 일을 했습니다. 다양한 경험을 했고, 임원이 된 후에는 전시 관련 업무도 했지만 특별히 큰 관심을 갖지는 않았습니다. 늘 일 년 계획이 있고, 예산이 할당되어 있고, 담당자들이 있기 때문에 알아서 돌아가거든요. 그런데 어느 날 새로 오신 회장님이 가을에 하는 국화 전시회를 예산 없이 하라는 겁니다. 돈 갖고 하는 전시회는 누구나 한다, 돈 없이 멋진 전시회를 할 수 있어야 한다는 겁니다. 첨엔 기가 막혔습니다. 자기 돈도 아닌데 왜 있던 예산을 없애는지 이해할 수 없었습니다. 그런데 방법이 없잖아요. 팀원들과 머리를 맞대고 궁리를 했지요. 그래서 질문했습니다. 돈 없이 어떻게 하면 전시회를 잘할 수 있을까? 궁하면 통한다고, 생각해보니 의외로 방법이 많더군요. 몇몇 기업과 지자체는 참가비를 내고서라도 참가하고 싶어 했지요. 우리는 장소를 빌려주고 돈은 자신들이 내고 전시를 했습니다. 그해 전시회는 돈 한 푼 안 들였지만 역대 최고라는 평가를 받았습니다."

결국 돈이 없었기 때문에 성공했다는 것이다. 이게 제약이 주는 힘이다.

우리가 입에 달고 사는 말들이 있다. 일은 하고 싶은데 예산이 부족해서, 인력이 없어서, 시간이 부족해서 못 한다는 말이다. 그럴듯하게 들리지만 반은 맞고 반은 틀렸다. 세상에 모든 조건이 완벽한 상태에서 일할 수 있는 사람이나 조직은 없다. 누구나 다 각자 나름의 제약이 있기 마련이다. 그런데 제약 때문에 일을 못하는 경우도 있지만, 제약 덕분에 일을 잘하는 경우도 많다. 그런 의미에서 생산성을 올리기 위해서는 스스로에게 제약을 거는 질문을 던질 수 있어야 한다. 자신이 가진 것을 하나씩 없애는 질문, 더 어려운 조건을 다는 질문, 기존의 동력을 반으로 줄이는 질문 등을 던지면 의외의 성과가 나올 수 있다. 어떤 질문이 있을까?

첫째, 시간에 제약을 주는 질문이다. 내가 자동차 회사에 다닐 때 개발 기간은 보통 4년이었다. 지금 생각하면 호랑이 담배 피우던 시절 이야기다. 지금은 그때의 3분의 1의 시간으로도 개발한다는 이야기를 들었다. 개발 기간을 줄인다는 건 그만큼 개발 비용을 줄이는 것이기 때문에 기업 입장에서는 절체절명의 과제다. 시간을 많이 주면 더 잘 만들 것이다? 큰 착각이다. 시간을 무한대로 준다고 제품을 완벽하게 만들 수 있는 건 아니다.

사실 생산성이 떨어지는 주원인은 시간이 많기 때문이다. 글 쓰는 게 직업인 나는 시간에 쫓길 때 가장 생산성이 높다. 내일 새벽까지 글을 보내지 않으면 큰일이 난다고 했을 때 가장 좋은 글을 쓸 수 있다. 스포츠도 그렇다. 스포츠는 시간 제약을 통해 박진감을 높인다. 초창기만 해도 농구는 그리 인기 스포츠가 아니었다. 그러다 1954년 '24초 룰'을 도입했다. 공격 개시 후 24초 안에 슛을 쏴야 하고 그렇지 않으면 공을 상대에게 넘겨야 한다는 제약이다. 이후 선수들의 활력이 증진하고 기량이 향상

우리는 흔히 예산이 부족해서,
인력이 없어서, 시간이 부족해서
못한다는 말을 한다.
그러나 모든 조건이 완벽한
상태란 있을 수 없다.

시간을 무한대로 준다면
일을 더 잘 해낼 것 같은가?
큰 착각이다.

된 건 물론이고, 농구 자체가 엄청 활성화되었다. 이러한 시간의 제약을 비즈니스에 적용해보면 어떨까? 예컨대 직원들에게 일주일에 3일만 일하는 대신 지금과 같은 성과를 내도록 하는 것이다. 생산성에 어떤 변화가 일어날까? 결과가 궁금하다.

둘째, 공간에 제약을 주는 질문이다. 난 말을 길게 하는 사람, 장황한 글은 좋아하지 않는다. 서양 책 중에 그런 책이 많다. 별 이야기도 아닌데 사설이 너무 길다. 만약 글이나 책의 두께를 인위적으로 줄이게 되면 어떤 변화가 일어날까? 트위터가 인기 있는 이유는 '140자 이내'라는 규칙 덕분이다. 짧게 쓰려면 많은 생각을 해야 한다. 불필요한 것은 빼고 하고 싶은 이야기를 줄일 수 있어야 한다. 공간도 그렇다. 일본 사람들은 작은 집에 살기 때문에 공간 활용에 대한 노하우가 발달했다. 작은 방을 효율적으로 쓰는 쪽으로는 입신의 경지에 이르렀다. 공간을 줄이기 위해서는 어떤 질문을 던져야 할까? 또 모든 보고서를 한 장 이내로 써야만 한다면? 모든 회의를 10분 이내로 해야만 한다면? 현재의 사무실을 반으로 줄이라고 한다면? 대단한 혁신이 일어날 것이다.

셋째, 비용을 줄이는 질문을 하라. 아니 줄이는 정도로는 안 된다. 기존 예산의 반 혹은 30퍼센트만으로 그 일을 하는 방법에 대해 질문하라. 조금 개선하는 것으로는 혁신이 안 된다. 혁신은 왕창 무리한 요구를 할 때 나온다. 이케아 경영진은 5달러짜리 테이블을 만들라고 지시한다. 말도 되지 않는 무리한 요구다. 그런데 해야만 했다. 그럼 질문이 달라야 한다. 그들은 한 가지 질문만을 했다. 이전까지 해본 적이 없던 방법으로 아주 싼 테이블을 만들려면 어떻게 해야 할까? 결국 문을 절반으로 잘라 테이블을 만들고 아래에 다리를 붙이는 방법으로 해결했다.

평생 줄이라는 이야기를 듣고 살았다. 서류를 줄여라, 개발 기간을 줄여라, 뭔가 절감을 해라, 공간을 아껴라……. 그래서 본능적으로 제약에 대해 거부감을 갖고 살았다. 그런데 생각이 달라졌다. 그냥 보통 줄이는 것으로는 충분치 않다. 남들이 생각할 수 없을 만큼 왕창 줄여야 한다. 그래야 생산성이 올라간다. 어떤 질문을 던져야 거부감을 줄이면서 건강한 제약을 줄 수 있을까? 각자의 몫이다.

익숙한 개념을 낯설게 보는
세 가지 질문 습관

익숙한 개념을 낯설게 보는 세 가지 질문 습관이 있다. 첫 번째는 '공통점'에 관한 질문이다. 우선 퀴즈를 하나 낸다. 부부간 사이가 나쁜 사람, 음치, 즉석 스피치를 못하는 사람의 공통점이 뭔지 아는가? 아무 상관이 없어 보인다고? 그렇지 않다. 정답은 '경청'이다. 위의 세 사람은 경청을 못하는 사람들이다. 배우자가 이야기할 때 신문을 보거나 건성으로 답하면 부부 사이가 나빠진다. 경청은 대인관계의 가장 중요한 전제조건이다. 음치는 다른 사람의 음을 듣지 못한다. 남의 소리와 상관없이 자기가 내고 싶은 소리를 낸다. 음치 치료를 위해서는 양동이를 뒤집어쓰고 소리를 내게 한다. 자신이 내는 소리를 듣게 하기 위한 것이다. 마지막으로, 즉석 스피치를 잘하기 위해서는 앞 사람의 이야기를 주의 깊게 들어야 한다. 그래야 같은 맥락에서 이야기할 수 있다. 완전 별개처럼 보이는 상황들이다. 그런데 '여기에 어떤 공통점이 있을까?'라는 질문을 던지면 새로운 통찰력을 얻을 수 있다.

두 번째는 '반대말'을 묻는 질문이다. 리더의 반대말은 무엇일까? 팔로워, 관리자 같은 답변이 나온다. 내가 원하는 답이 아니다. 내가 생각하는 정답은 개별성과자다. 리더십의 정의는 다른 사람을 통해 조직의 목표를 달성하는 것이다. 리더란 조직의 목표를 달성하기 위해 사람의 마음을 움직일 수 있어야 한다. 그런데 자기 일만 잘하는 사람들이 있다. 자기 일을 잘하는 것과 다른 사람을 움직여 조직의 목표를 달성하는 일은 완전히 다른 것이다. 그러므로 리더의 반대말은 개별성과자다. 어떤가? 리더십에 대해 새로운 통찰력이 생긴다. 그게 반대말의 효용성이다. 반대말을 묻고 생각하다 보면 개념이 명확해진다. 또 다른 질문 하나! 사랑의 반대말은 무엇일까? 보통 미움이라고 답한다. 아니다. 사랑의 반대말은 무관심이다.

세 번째는 '차이점'을 묻는 질문이다. 입신入神과 접신接神의

차이는 뭘까? 비슷하다고? 그렇지 않다. 둘 다 신의 경지에 오르는 것을 뜻하지만 방식이 다르다. 접신은 신이 내게 들어온 것이다. 내 노력이 아닌 타력에 의한 것이다. 입신은 내 노력으로 올라선 것이다. 많은 노력이 필요하다. 평안平安과 편안便安은 어떤 차이가 있을까? 평안은 마음에 관한 것이고, 편안은 몸에 관한 것이다. 몸은 불편해도 마음은 평화로울 수 있다. 반대로 몸은 편하지만 마음은 불편할 수 있다. 둘은 다르다. 마지막 질문이다. 개혁과 혁명의 차이는 뭘까? 키워드는 적이다. 개혁은 적이 보이지 않는다. 보이지 않는 적과 싸워야 한다. 혁명은 적이 보인다. 적이 분명하다. 싸우기가 훨씬 쉽다. 혁명보다 개혁이 힘든 이유다.

질문을 하는 목적 중 하나는 개념을 명확하게 하기 위해서다. 질문을 주고받으면서 모호했던 생각이 확실해진다. 이를 위해서는 공통점과 반대말, 차이점이 무엇인지를 질문해보면 익숙했던 개념도 낯설게 보이면서 새로운 통찰력을 얻을 수 있다.

최고들은 무엇을 묻는가
고수의 질문법

초판 1쇄 발행 2018년 3월 12일
개정판 1쇄 발행 2023년 5월 26일
3쇄 발행 2024년 5월 28일

지은이 한근태
펴낸이 성의현
펴낸곳 (주)미래의창

출판 신고 2019년 10월 28일 제2019-000291호
주소 서울시 마포구 잔다리로 62-1 미래의창빌딩(서교동 376-15, 5층)
전화 070-8693-1719 **팩스** 0507-1301-1585
홈페이지 www.miraebook.co.kr
ISBN 979-11-92519-65-4 03320

※ 책값은 뒤표지에 있습니다.